2017 年度黑龙江省社会科学学术著作出版资助项目

两汉祭祀文化研究

LIANGHAN JISI WENHUA YANJIU

张 影 邬晓东 著

哈爾濱工程大學出版社

内容简介

在中国历史上，两汉思想活跃，各种思潮纷纷兴起，是文化发展和繁荣的一个重要时期。"国之大事，在祀与戎"，祭祀在两汉时期是非常重要的文化现象，是两汉时期国家政治生活和普通百姓生活中的大事，同时也是研究两汉文化不可回避的一个重要方面。本书在文化的视野下结合考古学、文献学等资料对两汉祭祀文化进行了全面的梳理和研究，以两汉时期的一些重要祭祀礼仪文化制度、祭祀神灵和祭祀文本作为重点研究对象，考察了两汉祭祀文化礼俗及其意蕴，探讨了两汉祭祀文化兴盛对两汉政治文化的影响。

图书在版编目(CIP)数据

两汉祭祀文化研究 / 张影，邬晓东著. —哈尔滨：哈尔滨工程大学出版社，2017.11

ISBN 978-7-5661-1777-9

Ⅰ. ①两… Ⅱ. ①张… ②邬… Ⅲ. ①祭祀-文化研究-中国-汉代 Ⅳ. ①B933

中国版本图书馆 CIP 数据核字(2017)第 313439 号

选题策划 龚 晨
责任编辑 张忠远 马毓聪
封面设计 佟 玉

出版发行 哈尔滨工程大学出版社
社　　址 哈尔滨市南岗区南通大街 145 号
邮政编码 150001
发行电话 0451-82519328
传　　真 0451-82519699
经　　销 新华书店
印　　刷 哈尔滨市石桥印务有限公司
开　　本 787 mm×1 092 mm 1/16
印　　张 8
字　　数 193 千字
版　　次 2017 年 11 月第 1 版
印　　次 2017 年 11 月第 1 次印刷
定　　价 39.80 元
http://www.hrbeupress.com
E-mail:heupress@hrbeu.edu.cn

前　言

汉代是中国封建王朝中经济昌盛、政治统一、文化繁荣的时代，也是中国古代农业社会的上升阶段。在这繁盛的时代，各种思潮滥觞，又因汉代帝王好祭祀，信鬼神，所以巫风盛行，神学思想发达。诚如著名学者曹书杰先生评论上古时代的后稷文化时指出的“后稷文化是人们对所依赖的农业生产活动、农业经济价值的认同”（曹书杰：《后稷传说与稷祀文化研究》，社会科学文献出版社，2006年），汉代祭祀文化也具有同样的农业社会特征，即汉代祭祀文化的兴盛促进了汉代祭祀诗的发展，产生了《郊祀歌》十九章、《安世房中歌》等。汉代阴阳、灾异、谶纬、求仙长生等各种思想盛行，这些思想必然会影响到祭祀活动。如阴阳五行、灾异、谶纬、天人感应等思想成为祭祀的指导思想，而阴阳五行和天人感应思想直接影响并引导帝王的祭祀仪轨。汉代祭祀活动较先秦时期已经发生了明显的变化，如祭祀神灵系统、祭祀心态等都发生了变化。汉代祭祀兴盛有着一定的政治原因，汉代确立了天神“太一”在神灵祭祀中的最高地位。汉代人尊天，认为天的权利至高无上，通过祭祀宣扬皇权天授，高不可攀，以达到维护其大一统的政治目的。

本书从中国古代文化的角度切入，将两汉时期的祭祀制度、祭祀礼仪与文学现象结合，细微观察，深入阐发，每有新意。同时在梳理两汉礼乐文化制度和神灵系统建构的基础上，使两汉祭祀的政治、社会、伦理三大功能得以充分体现。并以汉代文化为切入点，阐述分析《郊祀歌》《安世房中歌》对先秦祭祀诗的创新及其体现的两汉祭祀文化心态的变化。

本书的研究对象是历史的、文化的坐标，同时也是文学的图景。本书对于研究两汉文学、两汉文化史及礼仪制度，无疑具有一定的文献参考意义。

两汉祭祀文化内容广博，同时由于本人学识尚浅和受到各种主客观条件的限制，以致本研究还存在一些疏漏不当之处，在此恳请方家指正。

张　影

2017年7月

目　　录

第一章 导 论

一、选题缘起

汉代文化与文学研究，一直是学术界研究的热点。近年来随着汉代大批文物的出土，无疑会再一次引起汉代文化研究的高潮。学界关于汉代的研究专题很多，基本上可归为历史和文学两大类。从史学角度，主要研究汉代的经济、政治、文化、历史事件、著名人物等；从文学角度，主要按照诗、赋、文等进行文体分类研究，对其进行注释、校勘，然后阐释文学成就与社会意义及作家的生平、际遇，进行追索，研究作品形成的原因和社会意义等。对汉代的研究不应是割裂式和片面式的研究，而应是从经济、政治、文化、文学、思想等方面进行多角度结合研究。汉代的文化包括很多方面，祭祀是其中最为重要的一种文化现象。

祭祀是我国最为古老的一种文化，在原始先民之初就已经产生了图腾崇拜、自然神崇拜、祖先崇拜等思想。祭祀具有很强的功利性，古人祭祀有求吉祥之意，因此，祭礼又被称为吉礼。祭祀在人们生活中占有非常重要的地位，是古代五礼之首。《礼记·礼运》云："夫礼之初，始诸饮食，其燔黍捭豚，污尊而抔饮，蒉桴而土鼓，犹若可以致其敬于鬼神。"《周礼·春官·大宗伯》将五礼分为吉礼、凶礼、军礼、宾礼、嘉礼。先秦时期，祭祀是君王政治生活中的头等大事，《左传·成公十三年》有云："国之大事，在祀与戎。"可以说，上至最高统治者，下及底层平民，祭祀都是其生活中最重要的内容之一。就祭祀本身而言，它所包含的社会意义，除宗教意义、民俗文化意义、政治意义外，还有文学意义，许多祭祀礼神诗流传后世成为名篇，在《诗经》和《楚辞》里都可以看到。《礼记·祭统》云："凡治人之道，莫急于礼；礼有五经，莫急于祭。"梁启超认为："有人与神与天相接之礼，则祭礼是。故曰：'礼所以承天之道以治人之情也。'(《礼记·礼运》)诸礼之中，惟祭尤重。盖礼之所以能范围群伦，实植本于宗教思想，故祭礼又为诸礼总持焉。"①

祭祀活动发展到汉代并没有因为阶级政权的加强而衰落，反而达到了一个高峰，祭祀活动频繁。《风俗通义·祀典》记述："自高祖受命，郊祀祈望，世有所增，武帝尤敬鬼神，于时盛矣。至平帝时，天地六宗已下，及诸小神，凡千七百所。"据

① 梁启超：《国史研究六篇》，中华书局，1947，第341页。

《汉书·郊祀志》载，汉成帝晚年由于没有子嗣的缘故，十分注重鬼神祭祀："成帝末年颇好鬼神，亦以无继嗣故，多上书言祭祀方术者，皆得待诏，祠祭上林苑中长安城旁，费用甚多。"汉成帝时由国家派专官祠祀的诸神之庙已有683所，民间的神庙尚不在内。"当时自皇帝、诸侯王以至地方官的祭祀，都有巫祝降神，美酒媚神，肥猪肥牛饗神，并且有乐队迎神送神。"①王莽对祭祀则达到了痴迷的程度："王翁好卜筮，信时日，而笃于事鬼神，多作庙兆，洁斋祀祭。牺牲殽膳之费，吏卒辨治之苦，不可称道。为政不善，见叛天下。及难作兵起，无权策以自救解，乃驰之南郊告祷，搏心言冤，号兴流涕，叩头请命，幸天哀助之也。当兵入宫日，矢射交集，燔火大起，逃渐台下，尚抱其符命书及所作威斗。可谓蔽惑至甚矣。"②汉代的各项祭祀活动，在上承古制的基础上，有了很大的发展。汉代人认为祭祀已经是生活中平常而不可缺少的一件事情，正如《后汉书·祭祀》所记载："祭祀之道，自生民以来则有之矣。豺獭知祭祀，而况人乎。"史籍所见两汉时期的祭祀活动不但是时人精神生活中的头等大事，而且也是社会生活的重要组成部分。祭祀文化对汉代社会产生了重大影响，同样也对汉代文学产生了很大的影响，促进并丰富了汉代文学的发展。在研究汉代文学、文化时不能不关注这一重要的文化现象。

二、研究现状

两汉时期经学神学化，宗教、谶纬、迷信猖獗，巫术方士盛行，祭祀活动频繁。祭祀之兴盛对汉代社会产生了很大的影响，譬如促进了文学的发展，以致研究两汉文学、文化无法回避这一重要文化现象。当前，学者对两汉祭祀文化的研究主要分为以下几个方面：

（一）从史学角度进行的研究

两汉至五四时期学人对于两汉祭祀的研究多是一些文献典章的记录，如《史记》《汉书》《后汉书》等，唐代杜佑的《通典》对唐以前的祭祀制度进行了梳理，以及后来的《资治通鉴》《文献通考》《礼书》也只是从典章制度角度对两汉祭祀制度加以记录。这一时期也有一些弥足珍贵的研究，如清人秦蕙田的《五礼通考》，对我国古代国家祭祀制度进行了系统的梳理，对一些重要问题进行了考证。但《五礼通考》是结合清代祭祀制度对我国古代祭祀制度的一种梳理和考辨，对两汉祭祀文化未进行专题研究。

当代学人从史学角度研究两汉祭祀文化的比较多，主要关注两汉祭祀文化与制度的关系。陈戍国的《秦汉礼制研究》和王柏中的《神灵世界秩序的构建与仪式的象征——两汉国家祭祀制度研究》等，都是从礼仪制度与国家政治关系的角度对

① 翦伯赞：《秦汉史》，北京大学出版社，1983，第556页。

② （汉）桓谭：《新论》，上海人民出版社，1977，第14页。

两汉国家祭祀进行研究，对地方的祭祀制度和民俗并未谈及。田天的《秦汉国家祭祀史稿》从史学和历史地理学的角度对秦汉国家祭祀变迁及其与地理格局的变动、历史背景之间的关系进行了分析。此外，张鹤泉的《汉明帝研究》（吉林文史出版社 2002 年版），彭林的《中国古代礼仪文明》（中华书局 2005 年版），曹书杰师的《后稷传说与稷祀文化》（社会科学文献出版社 2006 年版），何星亮的《中国自然崇拜》（江苏人民出版社 2008 年版），张一兵的《明堂制度研究》（中华书局 2005 年版），詹鄞鑫的《神灵与祭祀——中国传统宗教综论》（江苏古籍出版社 2000 年版），傅亚庶的《中国上古祭祀文化》（高等教育出版社 2007 年版），瞿明安、邓萍的《沟通人神——中国祭祀文化象征》（四川人民出版社 2005 版），徐国康主编的《中国宗教与中国文化》（中国社会科学出版社 2005 年版），文镛盛的《中国古代社会的巫觋》（华文出版社 1999 年版）等都对汉代一些重要的祭祀礼仪与文化进行了介绍和研究。至今对两汉祭祀的研究还多停留在历史文献、典章制度、历史地理等角度，少有学者在文化的大背景下对两汉祭祀进行系统研究，此外，对地方祭祀制度和民俗以及文艺美学等其他方面也少有学人谈及。

有关两汉祭祀文化的综合性研究论文甚少，但其大体可分为两类：一类是对祭祀礼仪制度及习俗的研究，另一类是重要神灵研究。当代学者对两汉祭祀礼仪关注的焦点主要在郊祀礼、封禅礼、农业祭祀等，主要从文化制度角度对祭祀礼仪进行研究，对祭礼与文学的关系研究的深度远远不够，如徐迎花的《东汉光武帝时期郊祀制度研究》、杨英的《东汉郊祀考》等，只对郊祀礼仪进行了简单的梳理和介绍，对东汉郊祀礼兴盛的原因以及其对政治、文学的影响并未提及。

（二）从神话学角度进行的研究

两汉时期信仰、崇拜的神灵很多。从神话学角度研究两汉的神灵，研究对象主要集中在伏羲、女娲、"太一"、西王母等诸神。当今学者对这些神灵的研究主要集中在原型、神话流传、演变过程等方面。

学者们一般关注的是伏羲、女娲传说的原型、神格和神话传说的文化意义等。从神话学角度研究伏羲的学者有孙玮、孙海洲、何新、刘雁翔、李炳海、常金仓等。新时期以来，女娲研究的中心问题主要集中在女娲神话的流传、演变，伏羲、女娲的关系，女娲的族属及其原型和社会文化史的意义等方面。杨利慧的《女娲的神话与信仰》《女娲溯源——女娲信仰起源地的再推测》二书可以说是近年来女娲研究的总结。近年来学者对"太一"的研究主要集中在哲学、宗教两个方面。从哲学角度，学者认为"太一"是宇宙的本原；从宗教方面，则认为"太一"是宗教神灵。学者们对"太一"的神格和流传进行了梳理和考察，但对汉代"太一"祭祀兴盛的原因和"太一"祭祀的文化意蕴还未论及。西王母是当代学者研究的热点。从历史学、地理学的角度解读西王母原型的，有王伟章的《西王母形象考》，王卫东、曾煜的《西王母原型新探——上古巫文化研究之四》等；从宗教角度研究西王母宗教神学思想及受崇拜的原因的，有李东峰、杨文艳的《汉代西王母与东王公神话的历史考察》，周静的《两汉时期的西王母信仰》等；还有的以画像石、铜镜铭文等作为第一手材料，如汪小洋的《汉画像石中西王母中心的形成与宗教意义》、郑先兴的《汉画中的西王母神话与西王母崇拜》等。

汉代诸神灵研究，学者们或从宗教学或从神话传说角度去探究神灵原型，还未有学者从汉代祭祀文化的源流角度去探讨这些神灵崇拜祭祀兴盛的原因，神格的发展演变历程以及这些神灵崇拜祭祀兴盛对祭祀文学的影响。汉代神话应与历史、经学、子学、社会制度、风俗习惯、宗教信仰等相联系，应在宏大的文化背景之下，发掘汉代文学中的神话与汉代文学乃至汉文化建构的交互关系。学者们目前只是对汉代神灵进行专题研究，没有对汉代祭祀神灵系统给予系统的梳理和研究，因此对汉代祭祀神灵的研究还有很大的发展空间。

（三）祭祀礼仪与两汉祭祀文学研究

当今学者对两汉祭祀文学的研究多伴随对祭祀礼仪的研究一起进行，其主要可分为汉赋与祭祀文化的关系、祭祀诗与文化的关系、封禅文学三类。

汉赋与祭祀文化的关系研究，主要从宗教思想对文学的影响和文学对政治的反映来进行研究，如王振军的硕士论文《汉赋与汉代国家宗教研究》主要从郊祀礼、明堂制度、封禅祀典、“太一”崇拜等方面阐述了两汉国家宗教对汉赋和赋家的渗透和影响。

祭祀诗研究主要针对祭祀礼乐制度进行研究，而未对祭祀诗的文学性、祭祀诗与《诗经》《楚辞》的承继关系，以及祭祀诗中的神系与《楚辞》和《诗经》中祭祀神系的关系进行研究，如许倩的《汉〈郊祀歌〉与汉武帝时期的郊祀》一文只考述了郊祀制度的宗教思想与用乐制度，对《郊祀歌》的文学性并未论及。

封禅文学研究，主要从礼仪文化的角度对封禅文学进行研究，如杨晓芳的硕士论文《封禅文学研究》从封禅的源起与封禅历史、封禅的思想基础、封禅礼乐、封禅的现实功效等方面来阐述封禅文学的内容及思想。但迄今为止，全面、系统地从文化角度研究两汉祭祀文学的论文还鲜见。

综上所述，可以看出目前学者对两汉祭祀文化和祭祀文学的研究，主要停留在祭祀礼仪文化制度、文学对政治或宗教思想的反映方面，很少有学者针对祭祀文学本身进行研究，尤其是对祭祀散文进行研究。近年来学者对两汉文学的研究也主要集中在诗、赋方面，对祭祀文学的关注还不够，对两汉祭祀文学和楚文学、文化的关系的研究也很少，关于汉代祭祀文化的源流问题几乎没有学者问津。

另外，还未有学者系统地对两汉祭祀礼制的发展加以系统的梳理和分析。两汉祭祀礼制问题研究还有很大的研究空间。

本书试图在更加宏观的视野下对汉代祭祀文化与祭祀文学进行一次系统梳理与研究。本书所涉及的汉文是一个广义的概念。许慎《说文解字》把“文”解释为

"错画也",意思是"对事物形象进行整体素描,笔画交错,相联相络,不可解构",所以本书中的汉文不单单指的是文体上的汉文,而是指汉代所有文字的载体,包括典籍、简帛、青铜器、碑刻等,以及与祭祀有关的画像石等。汉代凡是有文字的记录或与祭祀相关的内容都在本书研究范围内。

对两汉祭祀文化和文学的研究,国外汉学家还未形成一个严整的系统,只有一些散篇的论文。例如,国外学者对泰山封禅的研究,由于对中国文化了解有限,主要对泰山史迹与封禅祭祀进行了一般介绍,并没有深入探讨,如德国学者切柏的《泰山及其国家祀典》,法国学者沙畹的《泰山:中国宗教研究》,日本学者桥本增吉的《关于 < 史记 · 封禅书 >》、木树英一的《封禅思想的成立》、串谷美智子的《封禅的二重性——宗教性与政治性》等。还有一些学者从神话入手研究祭祀神灵,如Б · 李福清(俄)的《从比较神话学角度看闻一多〈伏羲考〉》认为伏羲是中国的古代文化英雄。关于女娲神话发源地,国外一些学者也进行了研究,如白川静(日)、谷野典之(日)、Б · 李福清(俄)等持女娲的发源地南方说。随着考古发掘的进展,西王母画像石成为学者研究的热点,如简 · 詹姆斯(美)的《汉代西王母的图像志研究》等。但国外学者还未将两汉的祭祀神灵与文学联系起来进行研究。

三、研究两汉祭祀文化的学术价值

古代文化包括很多方面,其中祭祀是一种重要的宗教礼仪文化。

祭祀起源很早,古人为了祭祀求吉祥把祭祀礼仪称为吉礼,吉礼是我国古代五种重要的礼仪之一。《礼记 · 祭统》云:"凡治人之道,莫急于礼;礼有五经,莫急于祭。"

在人类社会的早期就产生了万物有灵和灵魂不灭的观念,因而人们对死去的祖先进行祭祀,向他们祈福。有些传说中的祖先最后幻化成一个部族或国家的祖先神。由于远古人们的思想还不够发达,在万物有灵、图腾崇拜等观念的作用下人们对一些自然物、自然现象也进行祭祀。

祭祀活动除了具有纪念意义外,从本质上来说最重要的是人的功利性,是古人把人与人之间的求索酬报关系推广到人神之间而产生的活动,对人类无法理解和无法达到的目的寻求一种心灵上的自慰和满足。因此,其具体的表现形式是向神献礼、致敬、祈祷。这种功利性与人们对自然界和人类社会的认识程度有关,人们往往把自身无法办到的事情寄托于神灵。随着人类社会的发展,阶级和国家的出现,祭祀与国家政权联系在一起,使其在国家社会生活的地位逐渐提高,成为古代五礼之首。詹鄞鑫在《神灵与祭祀——中国传统宗教综论》一书中认为,古人之所以看重祭祀,有两方面的原因:"首先是出于对神灵所代表的自然力的崇拜。另一方面,随着文明的发展,在鬼神崇拜逐渐淡化的同时,由于神权与政权的合一,祭祀的政治意义日益显得浓厚起来。"①

祭祀与政治结合后,不仅没有随鬼神崇拜的淡化而逐渐衰落,反而越来越强盛。随着祭祀礼仪的发展产生了与之相关的一系列等级分明、规范严格的祭祀制度。在中国古代社会,祭祀是国家的头等大事,祭祀与争夺领土、树立权威的战争相提并论,同时也是显现宗法地位的主要标志。

祭祀在上层社会形成了严格的规范,而平民阶层则在允许的范围内形成祭祀习俗,祭祀行为因而形成了"礼"和"俗"两大支流,承传于数千年的历史洪流之中,随着时代的发展而不断磨合,最后合而为一,成为具有中国特色的祭祀文化传统。这个传统不仅抚慰了人们心灵的空虚与不安,也维系了上层社会对人民的统治及对人民的凝聚和团结。祭祀的政治、社会、伦理三大功能得以充分体现。祭祀成为维系中国古代社会的主要支柱,祭祀的礼仪成为每个人共同遵守的准则。因此祭祀对古代人们生活的影响是不可低估的。同样,祭祀对两汉的文化、政治、经济、思想都产生了重要的影响。

汉代重祭祀之风受楚人影响很大。楚人崇尚巫风,"畏鬼""信祀",而且楚地也有很多关于鬼神的传说,汉代上层统治集团中帝王及一些大臣都来自楚地,对楚地的这一传统给予了继承和发扬。《风俗通义·祀典》记述:"自高祖受命,郊祀祈望,世有所增,武帝尤敬鬼神,于时盛矣。至平帝时,天地六宗已下,及诸小神,凡千七百所。"

汉代的各项祭祀活动,在上承古制的基础上,有了很大的发展。汉代人认为祭祀已经是生活中平常而不可缺少的一件事情,正如《后汉书·祭祀》所记载:"祭祀之道,自生民以来则有之矣。豺獭知祭祀,而况人乎。"史籍所见两汉时期的祭祀活动不仅是时人精神生活中的头等大事,而且也是社会生活的重要组成部分。《论衡·祀义》曰:"世信祭祀,以为祭祀者必有福,不祭祀者必有祸。是以病作卜祟,祟得修祀,祀毕意解,意解病已,执意以为祭祀之助,勉奉不绝。"②

两汉时期宗教、谶纬、迷信猖獗,方士人数规模庞大,巫术盛行,祭祀活动频繁,遍及社会各方面。祭祀文化对两汉社会产生了重大影响,祭祀的兴盛也对文学产生了极大的影响,促进了文学的发展,研究两汉文学、文化、历史、政治都无法回避这一重要文化现象。以往的文学史中对两汉祭祀文学谈之甚少,有的甚至避而不谈。本书力在凸显祭祀文学及文化在两汉文学史中的地位,此研究对于汉代文化史的研究也具有重要意义。

需要说明的是,在本书中对各位先生直呼姓名,并非不敬,只为行文简洁,敬请见谅。

---

① 詹鄞鑫:《神灵与祭祀——中国传统宗教综论》,江苏古籍出版社,2000,第181页。

② (汉)王充著,张宗祥校注,郑绍昌标点:《论衡校注》,上海古籍出版社,2013,第504页。

第二章　汉代礼乐制度研究

中国自古为礼仪之邦，礼乐教化在国家的统治中具有非常重要的作用。相传周公制礼作乐，周礼作为各级贵族政治和生活的准则，是维护宗法制度不可或缺的工具。《说文解字》曰："礼，覆也，所以事神致福也。从示从丰，丰亦声。"①《礼记·曲礼》："夫礼者，所以定亲疏，决嫌疑，别异同，明是非也。道德仁义，非礼不成，教训正俗，非礼不备。分争辨讼，非礼不决……班朝、治军，莅官、行法，非礼威严不行。祷祠、祭祀，供给鬼神，非礼不诚不庄。是以君子恭、敬、撙、节、退让以明礼。……是故圣人作，为礼以教人，使人有礼，知自别于禽兽。"礼乐制度在这一时期得到了充分的发展，奠定了中国传统的文化基调。自此，礼乐教化成为历代帝王治理国家的重要辅助手段。汉朝时期帝王把礼乐教化作为治国的一个重要手段，汉代历代帝王也在不断地进行礼乐文化建设和改革。

第一节　汉初的礼乐建设

一、汉初对秦礼乐制度的继承与批判

汉代建国之初即进行了礼乐制度建设，据《汉书·礼乐志》载："汉兴，拨乱反正，日不暇给，犹命叔孙通制礼仪，以正君臣之位。"叔孙通被立为奉常，制定汉代的礼仪制度，但礼仪法制未尽完备而叔孙通去世。关于叔孙通如何制定汉礼史书没有详细记载，只能略见一斑。如《史记·叔孙通列传》记载叔孙通"定宗庙仪法"，"乃稍定汉诸仪法，皆通所论箸也。"可见汉初的礼法都是叔孙通制定的。据《汉书·礼乐志》载，叔孙通"因秦乐人制宗庙乐"。王充《论衡》云："高祖诏叔孙通制作《仪品》……而复定仪礼。"②《后汉书·曹褒传》："章和元年正月……令小黄门持班固所上叔孙通《汉仪》十二篇。"《钦定仪礼义疏》(卷上)述："班氏固曰：'叔孙通作汉礼仪因为奉常，诸弟子共定者咸为选首'。"

汉初的礼乐制度基本承袭秦制。叔孙通开始所设定的朝仪，是"颇采古礼与秦

① (汉)许慎撰，(清)段玉裁注：《说文解字注》，浙江古籍出版社，2006，第2页。
② (汉)王充著，张宗祥校注，郑绍昌标点：《论衡校注》，上海古籍出版社，2013，第258页。

仪杂就之”。后来又制定的宗庙仪法及汉诸仪法，大多承袭了秦代的礼仪制度，所谓“至秦有天下，悉内六国礼仪，采择其善，虽不合圣制，其尊君抑臣，朝廷济济，依古以来。至于高祖，光有四海，叔孙通颇有所增益减损，大抵皆袭秦故。自天子称号下至佐僚及宫室官名，少所变改[①]。”

汉在宗庙用乐方面，对秦及先秦古乐有所继承。比如，“叔孙通因秦乐人制宗庙乐”。又周有《房中乐》，至秦名曰《寿人》，而高祖姬唐山夫人作有《房中祠乐》，对秦的《寿人》(即周《房中乐》)，也必有所因袭和借鉴。汉惠帝二年，更在《房中祠乐》的基础上，使乐府令夏侯宽备其箫管，更名曰《安世乐》。又高祖庙奏《武德》《文始》《五行》之舞；孝文庙奏《昭德》《文始》《四时》《五行》之舞。其中，《文始舞》是为秦所保存的舜的《招舞》，汉高祖六年更名曰《文始》；《五行舞》是秦所保存的周武王的《大武》，秦始皇二十六年更名《五行》。又高祖六年作《礼容乐》，也出之于《文始舞》和《五行舞》。因此，汉初的宗庙乐、房中乐，高祖太宗庙舞，高祖所作的《礼容乐》，以及“舞人无乐者，将至至尊之前不敢以乐也；出用乐者，言舞不失节，能以乐终也。大氐皆因秦旧事焉[②]。”

在礼乐方面承秦制，也引起了一些人的反对，他们批评秦的无礼义和坏制度。陆贾、贾山、贾谊、晁错、邹阳等人，都有这方面的议论。

劝刘邦治天下当以仁义、主张“万世不乱，仁义之所治”[③]的陆贾认为，秦的国灭、君亡，是废仁义礼乐而尚刑罚武力的结果。秦始皇使蒙恬讨乱于外，李斯治法于内，事越烦，天下越乱，法越滋，而奸邪越炽，兵马越设，而敌越多。“秦非不欲为治，然失之者，乃举措暴众而用刑太极故也。”[④]也就是说，不行礼义而尚刑罚，因而奸邪多、制度乱。

高祖即位，置祠祀官，有秦、晋、梁、荆之巫。至汉文帝时天下风气大坏，贾谊上疏请求制礼，再次强调礼治的重要：“汉承秦之败俗，废礼义，捐廉耻，今其甚者杀父兄，盗者取庙器，而大臣特以簿书不报期会为故，至于风俗流溢，恬而不怪，以为是适然耳。夫移风易俗，使天下回心而乡道，类非俗吏之所能为也。夫立君臣，等上下，使纲纪有序，六亲和睦，此非天之所为，人之所设也。人之所设，不为不立，不修则坏。汉兴至今二十余年，宜定制度，兴礼乐，然后诸侯轨道，百姓素朴，狱讼衰息。”于是汉文帝令贾谊“草具其仪，天子说焉”，但“大臣绛、灌之属害之，故其议遂寝”。[⑤]

---

① (汉)司马迁撰，(宋)裴骃集解，(唐)司马贞索引，(唐)张守节正义：《史记》，中华书局，2005，第1159－1160页。

② (汉)班固撰，(唐)颜师古注：《汉书》，中华书局，2007，第1044页。

③ 陆贾：《新语》，收入《诸子集成》第7册，中华书局，1954，点校本，第3页。

④ 同上书，第7页。

⑤ (汉)班固撰，(唐)颜师古注：《汉书》，中华书局，2007，第1130页。

作为礼的重要方面的正朔、服色，汉初基本上也沿用秦制。秦始皇即位的时候，因周得火德，有人依据阴阳相生相克的道理，认为秦当为水德。“昔文公出猎，获黑龙，此其水德之瑞。于是秦更名河曰‘德水’，以冬十月为年首，色尚黑，度以六为名，音上大吕，事统上法。”[①]秦亡，刘邦为汉王。刘邦即以秦二世四年十月为汉元年十月，作为年岁之首，这是沿用秦正朔的开始，但“色尚赤”。汉代沿用秦正朔不变，伏胜首先表示不同意。他明确指出，夏以十三月（即正月）为正，色尚黑，以平旦为朔；殷以上二月为正，色尚白，以鸡鸣为朔；周以十一月为正，色尚赤，以夜半为朔。三统者所序生，三正者所以统天下，“夏以孟春为正者贵形也”。[②] 伏胜主张三统说，行夏正，以孟春（即正月）为岁首，因夏色尚黑，故服色尚黑。张苍认为尚水德，《汉书·律历制》曰：“汉兴，方纲纪大基，庶事草创，袭秦正朔。以北平侯张苍言，用《颛顼历》，比于六历，疏阔中最为微近。”又《汉书·张周赵任申屠传第十二》有云：“汉兴二十余年，天下初定，公卿皆军吏，苍为计相时，绪正律历。以高祖十月始至霸上，故因秦时本十月为岁首，不革。推五德之运，以为汉当水德之时，上黑如故。”

汉文帝、汉武帝时正朔改变的问题一直争议很大。贾谊不同意汉承袭秦的服色，在文帝元年，上疏汉当改正朔，易服色，“色上黄，数用五”[③]。张苍、周勃、灌婴、东阳侯、冯敬等人反对，同时汉文帝认为不应改制，所以改制没有成功。

汉文帝十四年，鲁人公孙臣上书，秦为水德，据终始五德之传，汉受秦，则当土德，土德的征兆是出现黄龙，故“宜改正朔，服色上黄”[④]。但张苍坚持汉当袭秦水德，“河决金堤，是其符。年始冬十月，色外黑内赤，与德相应”[⑤]。于是，公孙臣改正朔服色为非，被罢免。但明年，黄龙出现于成纪，这是土德的征兆，为此，汉文帝又召见公孙臣，并拜为博士，“与诸生申明土德，草改历、服色事”。赵人新垣平以望气见上，言“长安东北有神气，成五采，若人冠冕焉。或曰东北，神明之舍；西方神明之墓也。天瑞下，宜立祠上帝，以合符应”[⑥]。于是作渭阳五帝庙，同宇，帝一殿，面五门，各如其帝色。祠所用及仪亦如雍五畤。汉文帝十七年（后元年）有人上书告新垣平的言论是欺诈。新垣平惧怕被诛谋反，于是夷三族。自此以后改正朔之事被搁置。

汉景帝时，窦太后好黄老之术，没有改革正朔。可见，汉初正朔服色问题是一直争论没有解决的问题。

---

① （汉）班固撰，（唐）颜师古注：《汉书》，中华书局，2007，第 1200－1201 页。

② 朱维铮主编，伏生撰，郑玄注，陈寿祺辑校：《中国经学史基本丛书》第一册《尚书大传》，上海书店，2012，第 49 页。

③ （汉）班固撰，（唐）颜师古注：《汉书》，中华书局，2007，第 2222 页。

④ 同上书，第 1212 页。

⑤ 同上。

⑥ 同上书，第 1213 页。

二、祭祀礼仪初设

汉初，汉高祖刘邦在秦已有的神灵系统基础上进一步建构汉代的神灵系统，高祖二年设五帝祠，“有司进祠，上不亲往。悉召故秦祝官，复置太祝、太宰，如其故仪礼。因令县为公社”。又下诏曰：“吾甚重祠而敬祭。今上帝之祭及山川诸神当祠者，各以其时礼祠之如故。”①高祖六年初设汉代祭祀系统，在丰设枌榆社，常以时祭。长安设蚩尤祠，长安设祠祀官、女巫，并且进行了分工：“梁巫祠天、地、天社、天水、房中、堂上之属；晋巫祠五帝、东君、云中君、巫社、巫祠、族人炊之属；秦巫祠杜主、巫保、族累之属；荆巫祠堂下、巫先、司命、施糜之属；九天巫祠九天：皆以岁时祠宫中。其河巫祠河于临晋，而南山巫祠南山、秦中。”②

第二节　武帝时期的礼乐建设

“武帝即位，进用英隽，议立明堂，制礼服，以兴太平。会窦太后好黄老言，不说儒术，其事又废。”③窦太后崩后，汉武帝改变汉初的提倡黄老之学的风气，提倡儒学，重用儒生，罢黜百家，独尊儒术，使礼制的建设趋向儒家化。

一、确立“太一”的核心地位

据《汉书·郊祀志》记载，汉武帝“初即位，尤敬鬼神之祀。汉兴已六十余岁矣，天下艾安，缙绅之属皆望天子封禅改正度也，而上乡儒术，招贤良。赵绾、王臧等以文学为公卿，欲议古立明堂城南，以朝诸侯，草巡狩封禅、改历、服色事未就。窦太后不好儒术，使人微伺赵绾等奸利事，按绾、臧，绾、臧自杀，诸所兴为皆废。六年，窦太后崩。其明年，征文学之士”。汉武帝建立礼制的最重要的措施就是确立“太一”为最高天神。窦太后去世二年，亳人谬忌奏祠泰一方，曰：“天神贵者泰一，泰一佐曰五帝。古者天子以春秋祭泰一东南郊，日一太牢，七日，为坛开八通之鬼道。”于是，天子令太祝立其祠长安城东南郊，常奉祠如忌方。其后，人上书言：“古者天子三年一用太牢祠三一：天一、地一、泰一。天子许之，令太祝领祠之于忌泰一坛上，如其方。”④

二、封禅改历以立汉正朔服色

汉武帝尤敬鬼神之祀，在即位之初就有修改历法和服色的愿望，但由于窦太后

① (汉)班固撰，(唐)颜师古注：《汉书》，中华书局，2007，第1210页。

② 同上书，第1211页。

③ 同上书，第1031页。

④ 同上书，第1218页。

的阻挠没有成功。窦太后死后，汉武帝获宝鼎又重新开始制定历法和服色之事。汉武帝欲举行封禅典礼，命群儒制定封禅仪未果。“自得宝鼎，上与公卿诸生议封禅。封禅用希旷绝，莫如其仪体，而群儒采封禅《尚书》、《周官》、《王制》之望祀射牛事。齐人丁公年九十余，曰：‘封禅者，古不死之名也。秦皇帝不得上封。陛下必欲上，稍上即无风雨，遂上封矣。’上于是乃令诸儒习射牛，草封禅仪。数年，至且行。天子既闻公孙卿及方士之言，黄帝以上封禅皆致怪物与神通，欲放黄帝以接神人蓬莱，高世比德于九皇，而颇采儒术以文之。群儒既已不能辩明封禅事，又拘于《诗》、《书》古文而不敢聘。上为封祠器视群儒，群儒或曰‘不与古同’，徐偃又曰‘太常诸生行礼不如鲁善’，周霸属图封事，于是上黜偃、霸，而尽罢诸儒弗用。”[①]倪宽“及议欲放古巡狩封禅之事，诸儒对者五十余人，未能有所定。先是，司马相如病死，有遗书，颂功德，言符瑞，足以封泰山”[②]。

可以说，司马相如的《封禅文》对汉武帝刘彻于元封元年（公元前110年）举行的第一次封禅大典有着推波助澜的作用，推动了汉武帝封禅大典的举行。“上奇其书，以问宽，宽对曰：‘陛下躬发圣德，统楫群元，宗祀天地，荐礼百神，精神所乡，征兆必报，天地并应，符瑞昭明。其封泰山，禅梁父，昭姓考瑞，帝王之盛节也。然享荐之义，不著于经，以为封禅告成，合袪于天地神祇，祇戒精专以接神明。总百官之职，各称事宜而为之节文。唯圣主所由，制定其当，非君臣之所能列。令将举大事，优游数年，使群臣得人自尽，终莫能成。唯天子建中和之极，兼总条贯，金声而玉振之，以顺成天庆，垂万世之基。’上然之，乃自制仪，采儒术以文焉。”[③]于是汉武帝在元封元年四月东封泰山，下令改元，更年号为元封。据《史记·封禅书》载，古代封泰山、禅梁父的有七十二代的帝王，著名的有无怀氏、伏羲、神农氏、炎帝、黄帝、颛顼、帝喾、尧、舜、禹、汤、周成王等。汉武帝之前帝王封禅活动的具体细节在文献资料中很少提及。《史记·封禅书》记载了武帝封禅一事：“四月……乙卯，令侍中儒者皮弁荐绅，射牛行事。封泰山下东方，如郊祠泰一之礼。封广丈二尺，高九尺，其下则有玉牒书，书秘。礼毕，天子独与侍中奉车子侯上泰山，亦有封。其事皆禁。明日，下阴道。丙辰，禅泰山下址东北肃然山，如祭后土礼。天子皆亲拜见，衣上黄而尽用乐焉。江淮间一茅三脊为神藉。五色土益杂封。纵远方奇兽蜚禽及白雉诸物，颇以加礼。兕牛犀象之属不用。皆至泰山祭后土。”

汉武帝在元封元年东封泰山，令诸侯在泰山建房舍，“古者天子五载一巡狩，用事泰山，诸侯有朝宿地。其令诸侯各治邸泰山下”[④]。将汉代有封爵的人和泰山联

① （汉）班固撰，（唐）颜师古注：《汉书》，中华书局，2007，第1233页。

② 同上书，第2630页。

③ 同上。

④ （汉）司马迁撰，（宋）裴骃集解，（唐）司马贞索引，（唐）张守节正义：《史记》，中华书局，2005，第1398页。

系在一起,可见封禅泰山在汉代人心中的重要地位,同时也增加了泰山的影响。

汉武帝巡狩活动有多次,据《史记·封禅书》和《汉书·武帝纪》,武帝巡狩和封禅的活动有八次:

1. 太初,"三年春正月,行东巡海上。夏四月,还,修封泰山"(《汉书·武帝纪》)。

2. 天汉,"二年春,行幸东海"(《汉书·武帝纪》)。

3. 太始三年,"行幸东海,获赤雁,作《朱雁之歌》。幸琅琊,礼日成山。登之罘,浮大海"(《汉书·武帝纪》)。

4. 太始,"四年春三月,行幸泰山。……夏四月,幸不其,祠神人于交门宫,若有向坐拜者。作《交门之歌》"(《汉书·武帝纪》)。

5. 征和,"四年春正月,行幸东莱,临大海""三月……还幸泰山,修封"(《汉书·武帝纪》)。

6. 元鼎四年,"六月,得宝鼎后土祠旁。秋,马生渥洼水中。作《宝鼎》、《天马》之歌"(《汉书·武帝纪》)。

7. "往者朕郊见上帝,西登陇首,获白麟以馈宗庙"(《汉书·武帝纪》)。

8. 元封元年三月,武帝东上泰山立石之后,"遂东巡海上,行礼祠八神"(《史记·封禅书》)。元封元年四月,汉武帝登泰山行封禅之礼。

封禅不但是一项国家宗教活动,同时也是一项政治活动,封禅向天下昭示皇权的合法性和唯一性,同时也有利于大一统的政治方针的有效实施。

汉初运用的历法是承袭自秦的《颛顼历》,有很多弊病。"汉兴,方纲纪大基,庶事草创,袭秦正朔。以北平侯张苍言,用《颛顼历》,比于六历,疏阔中最为微近。然正朔服色,未睹其真,而朔晦月见,弦望满亏,多非是。"于是在元封七年的时候大臣向汉武帝进谏修改历法,"至武帝元封七年,汉兴百二岁矣,大中大夫公孙卿、壶遂、太史令司马迁等言'历纪坏废,宜改正朔'。是时御史大夫倪宽明经术,上乃诏宽曰:'与博士共议,今宜何以为正朔? 服色何上?'宽与博士赐等议,皆曰:'帝王必改正朔,易服色,所以明受命于天也。创业变改,制不相复,推传序文,则今夏时也。臣等闻学褊陋,不能明。陛下躬圣发愤,昭配天地,臣愚以为三统之制,后圣复前圣者,二代在前也。今二代之统绝而不序矣,唯陛下发圣德,宣考天地四时之极,则顺阴阳以定大明之制,为万世则。'于是乃诏御史曰:'乃者有司言历未定,广延宣问,以考星度,未能雠也。盖闻古者黄帝合而不死,名察发敛,定清浊,起五部,建气物分数。然则上矣。书缺乐弛,朕甚难之。依违以惟,未能修明。其以七年为元年。'遂诏卿、遂、迁与侍郎尊、大典星射姓等议造《汉历》。"[①]后人称其为《太初历》,共使用了188年,是中国古代第一部比较完整的汉族历法,也是当时世界上最

---

① (汉)班固撰,(唐)颜师古注:《汉书》,中华书局,2007,第974页。

先进的历法。《太初历》规定一回归年为一年，一朔望月为一月，以夏历的正月为岁首。太初元年夏五月下诏，颁布《太初历》。“夏五月，正历，以正月为岁首。色上黄，数用五，定官名，协音律。”①

服色也是帝王进行礼乐教化的一项重要内容，汉代服色的变化也经过多次的讨论和变化，正如班固所言：“兴之初，庶事草创，唯一叔孙生略定朝廷之仪。若乃正朔、服色、郊望之事，数世犹未章焉。至于孝文，始以夏郊，而张苍据水德，公孙臣、贾谊更以为土德，卒不能明。孝武之世，文章为盛，太初改制，而倪宽、司马迁等犹从臣、谊之言，服色数度，遂顺黄德。彼以五德之传从所不胜，秦在水德，故谓汉据土而克之。刘向父子以为帝出于震，故包羲氏始受木德，其后以母传子，终而复始，自神农、黄帝下历唐虞三代而汉得火焉。故高祖始起，神母夜号，著赤帝之符，旗章遂赤，自得天统矣。昔共工氏以水德间于木火，与秦同运，非其次序，故皆不永。由是言之，祖宗之制盖有自然之应，顺时宜矣。”②

三、制礼作乐完备制度

礼和乐是中国古代治理国家的两种重要手段，对国家的稳定起着非常重要的作用。乐可以净化人的心灵，礼可以约束人的行为，如班固所言：“乐以治内而为同，礼以修外而为异；同则和亲，异则畏敬；和亲则无怨，畏敬则不争。揖让而天下治者，礼乐之谓也。”③司马迁认为音乐可以净化心灵，达到伦理教化的作用，音乐的教化作用对帝王的统治也十分重要。“凡音者，生人心者也。情动于中，故形于声，声成文谓之音。是故治世之音安以乐，其政和；乱世之音怨以怒，其政乖；亡国之音哀以思，其民困。声音之道，与政通矣。……凡音者，生于人心者也；乐者，通于伦理者也。是故知声而不知音者，禽兽是也；知音而不知乐者，众庶是也。唯君子为能知乐。是故审声以知音，审音以知乐，审乐以知政，而治道备矣。……是故先王之制礼乐也，非以极口腹耳目之欲也，将以教民平好恶而反人道之政也。人生而静，天之性也；感于物而动，性之颂也。物至知知，然后好恶形焉。……礼节民心，乐和民声，政以行之，刑以防之。礼乐刑政四达而不悖，乐者为同，礼者为异。”④

自古帝王就重视礼乐教化的政治作用，周有乐舞，“大司乐以乐舞教国子舞《云门》、《大卷》、《大咸》、《大韶》、《大夏》、《大濩》、《大武》，此周所存六代之乐，以六律、六吕、五声、八音、六舞、大合乐，以致鬼神祇，以和邦国，以谐万民，以安宾

① （汉）班固撰，（唐）颜师古注：《汉书》，中华书局，2007，第199页。

② 同上书，第1270－1271页。

③ 同上书，第1028页。

④ （汉）司马迁撰，（宋）裴骃集解，（唐）司马贞索引，（唐）张守节正义：《史记》，中华书局，2005，第1181－1186页。

客，以说远人，以作动物。秦始皇时六代庙乐唯《韶》《武》存焉，二十六年改周《大武》曰《五行》，《房中》曰《寿人》，衣服同五行乐之色”（《尚书通考·卷四》）。秦始皇帝二十六年改乐，“帝平天下，六代庙乐惟《韶》《武》存焉，于是改周《大武》曰《五行》，《房中》曰《寿人》，衣服同五行乐之色”（《御制律吕正义后编·卷八十乐制考三·秦汉》）。

汉代帝王非常重视礼乐的建设，汉高祖建国之初就命叔孙通制礼仪，以正君臣之位。

据《汉书·礼乐志》载，汉初礼乐依秦旧制，乐美神明既饗也。“汉兴，乐家有制氏，以雅乐声律世世在大乐官，但能纪其铿鎗鼓舞，而不能言其义。高祖时，叔孙通因秦乐人制宗庙乐。大祝迎神于庙门，奏《嘉至》，犹古降神之乐也。皇帝入庙门，奏《永至》，以为行步之节，犹古《采荠》、《肆夏》也。乾豆上，奏《登歌》，独上歌，不以管弦乱人声，欲在位者遍闻之，犹古《清庙》之歌也。《登歌》再终，下奏《休成》之乐，美神明既饗也。皇帝就酒东厢，坐定，奏《永安》之乐，美礼已成也。又有《房中祠乐》，高祖唐山夫人所作也。周有《房中乐》，至秦名曰《寿人》。凡乐，乐其所生，礼不忘本。高祖乐楚声，故《房中乐》楚声也。孝惠二年，使乐府令夏侯宽备其箫管，更名曰《安世乐》。高祖庙奏《武德》《文始》《五行》之舞；孝文庙奏《昭德》《文始》《四时》《五行》之舞；孝武庙奏《盛德》《文始》《四时》《五行》之舞。《武德舞》者，高祖四年作，以象天下乐己行武以除乱也。《文始舞》者，曰本舜《招舞》也，高祖六年更名曰《文始》，以示不相袭也。《五行舞》者，本周舞也，秦始皇二十六年更名曰《五行》也。《四时舞》者，孝文所作，以示天下之安和也。盖乐己所自作，明有制也；乐先王之乐，明有法也。孝景采《武德舞》以为《昭德》，以尊大宗庙。至孝宣，采《昭德舞》为《盛德》，以尊世宗庙。诸帝庙皆常奏《文始》《四时》《五行舞》云。高祖六年又作《昭容乐》《礼容乐》。《昭容》者，犹古之《昭夏》也，主出《武德舞》。《礼容》者，主出《文始》《五行舞》。舞人无乐者，将至至尊之前不敢以乐也；出用乐者，言舞不失节，能以乐终也。大氐皆因秦旧事焉。”①

“初，高祖既定天下，过沛，与故人父老相乐，醉酒欢哀，作‘风起’之诗，令沛中僮儿百二十人习而歌之。至孝惠时，以沛宫为原庙，皆令歌儿习吹以相和，常以百二十人为员。文、景之间，礼官肄业而已。”②

汉初的宗庙祭祀乐歌是《安世房中歌》，据《汉书·礼乐志》记载，《安世房中歌》是高帝之姬，唐山夫人所作。《安世房中歌》最早见于《汉书·礼乐志》，且云：“《房中祠乐》，高祖唐山夫人所作也。周有《房中乐》，至秦名为《寿人》。凡乐，乐其所生，礼不忘本。高祖乐楚声，故《房中乐》楚声也。孝惠二年，使乐府令夏侯宽

① （汉）班固撰，（唐）颜师古注：《汉书》，中华书局，2007，第 1043 – 1044 页。

② 同上书，第 1045 页。

备其箫管,更名曰《安世乐》。"根据《汉书·礼乐志》,可知它和叔孙通所作的五章宗庙雅乐同为祭祀典礼之用。按班固的记载,可知《房中乐》始于周,至秦名曰《寿人》。《周礼·磬师》曰:"教缦乐燕乐之钟磬。"郑玄注:"燕乐,房中之乐。"《周礼·磬师》有云:"凡祭祀饗食,奏燕乐""凡祭祀宾客,舞其燕乐"。清孙诒让《周礼正义》注曰:"燕乐用二《南》,即乡乐,亦即房中之乐。盖乡人用之谓之乡乐;后、夫人用之谓之房中之乐;王之燕居用之谓之燕乐,名异而实同。"①可知《房中乐》又名《燕乐》。燕乐有两种用途:一是祭祀饗食之用,二是招待宾客娱乐之用。

《安世房中歌》是继承先代雅乐的宗庙祭祀诗章,因此它在艺术形式上和商周雅颂有着一些共同之点。《元城先生语录》说它"格韵高严,规模简古,骎骎乎商周之颂"。② 沈德潜在《古诗源》中也说它"古奥中带和平之音,不肤不庸,有典有则,是西京极大文字"。③ 这主要表现在内容上继承了先秦儒家传统的一面,语言整饬、典雅,以及由此形成的雍容平和的风格,如"我定历数,人告其身。敕身齐戒,施教申申"④。

汉武帝时期进行了多年的礼乐制度改革,最后在太初元年改正朔。"今上即位,招致儒术之士,令共定仪,十余年不就。或言古者太平,万民和喜,瑞应辨至,乃采风俗,定制作。上闻之,制诏御史曰:'盖受命而王,各有所由兴,殊路而同归,谓因民而作,追俗为制也。议者咸称太古,百姓何望?汉亦一家之事,典法不传,谓子孙何?化隆者闳博,治浅者褊狭,可不勉与!'乃以太初之元改正朔,易服色,封太山,定宗庙百官之仪,以为典常,垂之于后云。"⑤

汉武帝对祭祀乐歌进行了改革和建设,命司马相如等人创作《郊祀歌》,据《史记·乐书》载:"高祖过沛诗《三侯之章》,令小儿歌之。高祖崩,令沛得以四时歌舞宗庙。孝惠、孝文、孝景无所增更,于乐府习常肄旧而已。至今上即位,作十九章,令侍中李延年次序其声,拜为协律都尉。通一经之士不能独知其辞,皆集会《五经》家,相与共讲习读之,乃能通知其意,多尔雅之文。汉家常以正月上辛祠太一甘泉,以昏时夜祠,到明而终。常有流星经于祠坛上。使僮男僮女七十人俱歌。春歌《青阳》,夏歌《朱明》,秋歌《西皞》,冬歌《玄冥》。世多有,故不论。"

《汉书·礼乐志》记录了在祭祀"太一"神时的礼乐情况:"至武帝定郊祀之礼,祠太一于甘泉,就乾位也;祭后土于汾阴,泽中方丘也。乃立乐府,采诗夜诵,有赵、代、秦、楚之讴。以李延年为协律都尉,多举司马相如等数十人造为诗赋,略论律

① (清)孙诒让:《周礼正义》,中华书局,1987,第1882-1883页。

② (宋)胡仔纂集,廖德明校点:《苕溪渔隐丛话后集》,人民文学出版社,1962,第2页。

③ (清)沈德潜:《古诗源》,中华书局,1977,第38页。

④ (汉)班固撰,(唐)颜师古注:《汉书》,中华书局,2007,第1047页。

⑤ (汉)司马迁撰,(宋)裴骃集解,(唐)司马贞索引,(唐)张守节正义:《史记》,中华书局,2005,第1160-1161页。

吕,以合八音之调,作十九章之歌。以正月上辛用事甘泉圜丘,使童男女七十人俱歌,昏祠至明。夜常有神光如流星止集于祠坛,天子自竹宫而望拜,百官侍祠者数百人皆肃然动心焉。"

先秦时期的祭祀乐多为雅颂之音,而到了汉代祭祀用乐发生了很大变化,变先秦雅乐为俗乐,如用于郊祀的《郊祀歌》十九章已无先秦宗庙祖先的踪影。"是时,河间献王有雅材,亦以为治道非礼乐不成,因献所集雅乐。天子下大乐官,常存肄之,岁时以备数,然不常御,常御及郊庙皆非雅声。然诗乐施于后嗣,犹得有所祖述。……今汉郊庙诗歌,未有祖宗之事,八音调均,又不协于钟律,而内有掖庭材人,外有上林乐府,皆以郑声施于朝廷。"①

先秦时期的雅乐一直是祭祀中的主要用乐,为何到汉武帝时期祭祀乐中不再是雅乐而是赵、代、秦、楚之讴,儒家讲究"放郑声,远佞人。郑声淫,佞人殆"(《论语·卫灵公》),以郑声充于庙堂与汉武帝所提倡的"罢黜百家,独尊儒术"的政治思想是否矛盾?答案是否定的。郑卫之音的兴盛有着一定的历史原因。据《汉书·礼乐志》可知,周代末期礼崩乐坏,雅乐遭到破坏,汉代时期雅乐已经所存不多,而且郑卫之音已经受到人们的喜爱。"周室大坏,诸侯恣行……陪臣管仲、季氏之属,三归、《雍》彻、八佾舞廷。制度遂坏,陵夷而不反,桑间、濮上,郑、卫、宋、赵之声并出,内则致疾损寿,外则乱政伤民。巧伪因而饰之,以营乱富贵之耳目。庶人以求利,列国以相间。故秦穆遗戎而由余去,齐人馈鲁而孔子行。至于六国,魏文侯最为好古,而谓子夏曰:'寡人听古乐则欲寐,及闻郑、卫,余不知倦焉。'"

汉高祖命唐山夫人所作《安世房中歌》用的也非雅乐,而是楚声。"《房中祠乐》,高祖唐山夫人所作也。周有《房中乐》,至秦名曰《寿人》。凡乐,乐其所生,礼不忘本。高祖乐楚声,故《房中乐》楚声也。"②楚声是先秦楚地汉民族音乐的统称,南音之一,也泛指长江中游、汉水一带以至徐、淮间的音乐,亦称"楚调"或"南音"。南音一词始见于《左传》及《吕氏春秋》。《左传·成公九年》曰:"使与之琴,操南音。"杜氏注曰:"南音,楚声。"汉时期,"楚声"就是相和歌,是在汉代北方民歌的基础上,继承了周代"国风"和战国"楚声"的传统发展起来的。

汉代时期雅乐已不像先秦时期那样受人喜爱。"是时,河间献王有雅材,亦以为治道非礼乐不成,因献所集雅乐。天子下大乐官,常存肄之,岁时以备数,然不常御,常御及郊庙皆非雅声。"③

同时,郑声的兴盛与帝王的喜爱有一定的关系。"汉兴杂用秦楚燕代巴渝胡戎之乐,孝武帝采诗夜诵,以李延年为协律都尉,而李夫人以倡幸,卫子夫以讴进其为淫祀,使童男女七十人俱歌昏祠至明,而巫风大行至蛊祸兴则为归来望思之歌,其

---

① (汉)班固撰,(唐)颜师古注:《汉书》,中华书局,2007,第 1070 – 1071 页。

② 同上书,第 1043 页。

③ 同上书,第 1070 页。

衰思几同亡国,不复有夏声矣。于是内有掖庭才人,外有上林乐府,皆以郑声施于朝廷。元帝尤喜郑卫,鼓琴瑟,吹洞箫,自度曲,被歌声,分刌节度,穷极窈眇,遂怠于政优游不断,汉室始衰。成帝复喜声色,二赵以倡宠而郑声尤甚,黄门名倡丙强、景武之属富显于世,贵戚五侯、定陵富平外戚之家淫侈过度,至与人主争女乐而汉亾矣。东汉明章之世,虽为雅乐而终不能放。郑卫未几雅亾而郑复盛至于后,世流风颓靡以从欲玩耳为快。"(《续后汉书·礼乐》)

赵敏俐《周汉诗歌综论》指出:"汉武帝利用'新声变曲'为郊祀之礼配乐,客观上等于承认了从先秦以来就一直难登大雅之堂的世俗音乐——新声(郑声)的合法地位,这为其在汉代顺利地发展铺平了道路。从艺术生产的角度讲,是借助了官方的力量,推动了从先秦以来就已经产生的世俗音乐——新声(郑声)的发展。"[①]汉武帝以活泼的郑声充实贫乏的雅乐,是当时文化革新进步的重要举措。

郑声在当时非常流行。据《汉书·礼乐志》载,汉武帝时,"今汉郊庙诗歌,未有祖宗之事,八音调均,又不协于钟律,而内有掖庭材人,外有上林乐府,皆以郑声施于朝廷"。不仅祠祀用乐,当时朝廷上下演奏的乐曲,都回荡着郑声。

郑声在汉代的发展也不是一帆风顺的。早在春秋时代,郑声就遭到了孔夫子的批判,孔子认为"郑声淫,佞人殆",而主张"放郑声,远佞人",应当摈弃郑声,疏远佞人,因为郑声倾向于淫荡,佞人会导致危亡。在汉武帝之后,西汉晚期的帝王们对乐府制度逐渐进行修正。汉宣帝时,博士谏大夫王吉就曾经建议裁减乐府设置。汉元帝时,宣布乐府裁员。汉宣帝本始四年(公元前 70 年)宣布"乐府减乐人,使归就农业"。汉元帝初元元年(公元前 48 年)宣布"减乐府员"。汉哀帝时,又将"郑声尤甚"和社会风习的"淫侈过度"联系起来,据孔子"放郑声,郑声淫"的主张,下令废除了乐府官。《汉书·哀帝纪》的记载是:"郑声淫而乱乐,圣王所放,其罢乐府。"汉哀帝时郑卫之声盛行。"是时,郑声尤甚。黄门名倡丙强、景武之属富显于世,贵戚五侯、定陵富平外戚之家淫侈过度,至与人主争女乐。"[②]汉哀帝自为定陶王时疾之,又性不好音,及即位,绥和二年六月,下诏曰:"惟世俗奢泰文巧,而郑卫之声兴。夫奢泰则下不孙而国贫,文巧则趋末背本者众,郑卫之声兴则淫辟之化流,而欲黎庶敦朴家给,犹浊其源而求其清流,岂不难哉!孔子不云乎?'放郑声,郑声淫。'其罢乐府官。郊祭乐及古兵法武乐,在经非郑卫之乐者,条奏,别属他官。"[③]当时乐官队伍庞大,共有 829 人,其中 441 人因是郑卫之乐官被罢。虽然郑卫之音被限制,但由于郑声流传已久,民间郑卫之音仍然流行,官方又没有制作新的雅乐,因此郑声仍然流行。"然百姓渐渍日久,又不制雅乐有以相变,豪富吏民湛

① 赵敏俐:《周汉诗歌综论》,学苑出版社,2002,第 273 页。

② (汉)班固撰,(唐)颜师古注:《汉书》,中华书局,2007,第 1072 页。

③ 同上书,第 1073 页。

沔自若,陵夷坏于王莽。”[①]

以董仲舒、贾谊、王吉、刘向等为代表的儒臣强调音乐的政治教化意义,主张通过音乐节制人欲。然而,实际上汉代主流乐论毕竟只代表了儒家学说的一种音乐理想,当时实际的音乐活动是相当普遍和发达的,而且并没有受到传统乐论的束缚。汉代时期音乐的发展已经趋向多元化。

汉武帝之后的礼乐建设没有太多的发展。至宣帝时,琅琊王吉为谏大夫,又上疏言:“今俗吏所以牧民者,非有礼义科指可世世通行者也,以意穿凿,各取一切。是以诈伪萌生,刑罚无极,质朴日消,恩爱寖薄。孔子曰‘安上治民,莫善于礼’,非空言也。愿与大臣延及儒生,述旧礼,明王制,驱一世之民,济之仁寿之域,则俗何以不若成康?寿何以不若高宗?”[②]但汉宣帝没有采纳王吉的建议。至汉成帝时,刘向议礼,由于向卒后成帝逝,修礼未成。

汉显宗即位,躬行世族礼仪。“宗祀光武皇帝于明堂,养三老五更于辟雍,威仪既盛美矣。然德化未流洽者,礼乐未具,群下无所诵说,而庠序尚未设之故也。孔子曰:‘辟如为山,未成一匮,止,吾止也。’今叔孙通所撰礼仪,与律令同录,藏于理官,法家又复不传。汉典寝而不著,民臣莫有言者。又通没之后,河间献王采礼乐古事,稍稍增辑,至五百余篇。今学者不能昭见,但推士礼以及天子,说义又颇谬异,故君臣长幼交接之道寖以不章。”[③]汉元帝即位后,遵照旧仪,每隔一年正月行幸一次甘泉,郊泰畤,又到河东祠后土,西到雍祠五畤。《汉书·郊祀志》记载,汉元帝时丞相贡禹从节俭的角度出发,指出汉家宗庙设置过于铺张,废弃了郡国的一些宗庙,后汉元帝梦到神灵谴责罢庙又恢复了郡国庙。

第三节 东汉时期的礼制建设

东汉的政权是刘秀打着复兴汉室的旗号建立的,因此东汉的礼制建设既有对西汉礼制的继承,又有其自身的创新。

一、东汉初期的礼制恢复

汉光武帝刘秀建立东汉政权后,推行“柔道”,倡导“德政”,重用儒生,休养生息,在让人民得以喘息和恢复生机的同时,重建秩序。《后汉书·儒林传》曾概述东汉恢复礼治的情况:“昔王莽、更始之际,天下散乱,礼乐分崩,典文残落。及光武中兴,爱好经术,未及下车,而先访儒雅,采求阙文,补缀漏逸……建武五年,乃修起太学,稽式古典,笾豆干戚之容,备之于列,服方领习矩步者,委它乎其中。中元元

---

① (汉)班固撰,(唐)颜师古注:《汉书》,中华书局,2007,第1074页。

② 同上书,第1033页。

③ 同上书,第1035页。

年，初建三雍。明帝即位，亲行其礼。天子始冠通天，衣日月，备法物之驾，盛清道之仪，坐明堂而朝群后，登灵台以望云物，袒割辟雍之上，尊养三老五更。饗射礼毕，帝正坐自讲，诸儒执经问难于前，冠带缙绅之人，圜桥门而观听者盖亿万计。”

刘秀以西汉皇族旁系的身份，打着复兴刘氏王朝的旗号通过一系列兼并战争获得政权，因而宣扬皇统的合法性，世袭正统性的宗庙礼制自然成为汉光武帝礼制建设的重要内容。建武元年八月，刘秀在怀宫祠高祖、太宗、世宗。建武二年正月，刘秀在洛阳起高庙建社稷。建武三年，汉光武帝到高祖庙祭祀，接受传国玉玺。

后汉光武帝对宗庙祭祀进行恢复，张纯、曹褒等人先后参与制定汉礼，《后汉书·张曹郑列传》载："建武初，旧章多阙，每有疑议，辄以访（张）纯，自郊庙婚冠丧纪礼仪，多所正定。"张纯制定宗庙之礼，定禘、祫之礼。"纯在朝历世，明习故事。……纯以宗庙未定，昭穆失序，十九年，乃与太仆朱浮共奏言：'陛下兴于匹庶，荡涤天下，诛锄暴乱，兴继祖宗。窃以经义所纪，人事众心，虽实同创革，而名为中兴，宜奉先帝，恭承祭祀者也。元帝以来，宗庙奉祠高皇帝为受命祖，孝文皇帝为太宗，孝武皇帝为世宗，皆如旧制。又立亲庙四世，推南顿君以上尽于舂陵节侯。礼，为人后者则为之子，既事大宗，则降其私亲。今禘祫高庙，陈序昭穆，而舂陵四世，君臣并列，以卑厕尊，不合礼意，设不遭王莽，而国嗣无寄，推求宗室，以陛下继统者，安得复顾私亲，违礼制乎？昔高帝以自受命，不由太上，宣帝以孙后祖，不敢私亲，故为父立庙，独群臣侍祠。臣愚谓宜除今亲庙，以则二帝旧典，愿下有司博采其议。'诏下公卿，大司徒戴涉、大司空窦融议：'宜以宣、元、成、哀、平五帝四世代今亲庙，宣、元皇帝尊为祖、父，可亲奉祠，成帝以下，有司行事，别为南顿君立皇考庙。其祭上至舂陵节侯，群臣奉祠，以明尊尊之敬，亲亲之恩。'帝从之。是时宗庙未备，自元帝以上，祭于洛阳高庙，成帝以下，祠于长安高庙，其南顿四世，随所在而祭焉。"①宗庙祭祀的一个重要方面就是对已故帝王的禘、祫之祭，汉光武帝在建武二十六年，诏纯曰："禘、祫之祭，不行已久矣。'三年不为礼，礼必坏；三年不为乐，乐必崩。'宜据经典，详为其制。"纯奏曰："《礼》，三年一祫，五年一禘。《春秋传》曰：'大祫者何？合祭也。'毁庙及未毁庙之主皆登，合食乎太祖，五年而再殷。汉旧制三年一祫，毁庙主合食高庙，存庙主未尝合祭。元始五年，诸王公列侯庙会，始为禘祭。又前十八年亲幸长安，亦行此礼。……祫祭以冬十月，冬者五谷成孰，物备礼成，故合聚饮食也。斯典之废，于兹八年，谓可如礼施行，以时定议。"②光武帝从之，从此禘、祫礼成为定制。

张纯也曾协助建立辟雍之制。"纯以圣王之建辟雍，所以崇尊礼义，既富而教者也。乃案七经谶、明堂图、河间《古辟雍记》、孝武太山明堂制度，及平帝时议，欲

① （宋）范晔撰，（唐）李贤等注：《后汉书》，中华书局，2014，第1193－1194页。

② 同上书，第1195页。

具奏之。未及上，会博士桓荣上言宜立辟雍、明堂，章下三公、太常，而纯议同荣，帝乃许之。”①

除了确立宗庙祭祀制度，宣扬皇权最好的方式就是封禅。封禅最早见于《管子·封禅篇》，后司马迁在《史记·封禅书》中曾引用《管子·封禅篇》中的内容，并对其加以阐释。张守节作《史记正义》时进一步论述“封禅”之意：“此泰山上筑土为坛以祭天，报天之功，故曰封。此泰山下小山上除地，报地之功，故曰禅。言禅者，神之也。”张守节还指出了封禅的目的：“天命以为王，使理群生，告太平于天，报群神之功。”②建武三十年，张纯上疏认为汉光武帝应当举行封禅：“自古受命而帝，治世之隆，必有封禅，以告成功焉……臣伏见陛下受中兴之命，平海内之乱，修复祖宗，抚存万姓，天下旷然，咸蒙更生，恩德云行，惠泽雨施，黎元安宁，夷狄慕义。《诗》云：‘受天之祜，四方来贺。’今摄提之岁，仓龙甲寅，德在东宫。宜及嘉时，遵唐帝之典，继孝武之业，以二月东巡狩，封于岱宗，明中兴，勒功勋，复祖统，报天神，禅梁父，祀地祇，传祚子孙，万世之基也。”③在建武三十年二月，群臣上言，即位三十年，宜封禅泰山。汉光武帝没有接受群臣的建议，下诏书曰：“即位三十年，百姓怨气满腹，吾谁欺，欺天乎？曾谓泰山不如林放，何事污七十二代之编录！桓公欲封，管仲非之。若郡县远遣吏上寿，盛称虚美，必髡，兼令屯田。”从此群臣不敢复言。后建武三十二年正月，上斋，汉光武帝夜读《河图会昌符》曰：“‘赤刘之九，会命岱宗。不慎克用，何益于承！诚善用之，奸伪不萌。’感此文，乃诏松等复案索《河》《雒》谶文言九世封禅事者。松等列奏，乃许焉。”④并于建武三十二年，东游巡狩至岱宗举行封禅大典。

汉光武帝封禅与其之前所有帝王封禅相比是史书记载最为详细的一位，《后汉书·祭祀志》记载了其封禅的过程：

首先，二十二日辛卯晨，光武帝采取晨燎祭天于泰山下南方，群神皆从，用乐与南郊之乐相同。

其次，上山之前用“一特牲”（古代用一牛或一猪祭祀）告祠泰山，其礼仪形式与亲耕、先祠、先农、先虞等礼同。

其三，日中至上山行祭祀礼：更衣，升坛，尚书奉玉牒，皇帝亲封，发坛石，藏玉牒，覆盖，封石检。玉牒即是刻有皇帝祈祷文字的玉石薄片，放在石检中封好埋于山顶祭坛之中，皇帝的祷语秘不可宣，只有上天才可以知道。

其四，礼成，皇帝再拜，群臣称万岁。

---

① （宋）范晔撰，（唐）李贤等注：《后汉书》，中华书局，2014，第1196页。

② （汉）司马迁撰，（宋）裴骃集解，（唐）司马贞索引，（唐）张守节正义：《史记》，中华书局，2005，第1355页。

③ （宋）范晔撰，（唐）李贤等注：《后汉书》，中华书局，2014，第1197页。

④ 同上书，第3163页。

其五,立刻石碑,纪年封禅之事。

二十五日甲午,禅,祭地于梁阴,以高后配,山川群神从之,如元始中北郊故事。

汉代帝王如此热衷封禅主要出于政治目的,《史记·封禅书》引据《五经通义》曰:"易姓而王,致太平,必封泰山,禅梁父,天命以为王,使理群生,告太平于天,报群神之功。"《风俗通义·山泽》曰:"《诗》云:'泰山严严,鲁邦所瞻。'尊曰岱宗。岱者,长也。万物之始,阴阳之交代,云触而出,肤寸而合,不崇朝而遍雨天下,其惟泰山乎? 故为五岳之长。王者受命易姓,改制应天,功成封禅,以告天地。"封禅活动实质上是帝王向天下宣告自己地位的权威,更是强调君权神授的手段。

二、汉明帝时期的礼制建设

汉明帝时期进一步维护汉的皇统的核心地位。由王莽新政的经验教训,明帝认为保持皇统的纯正对于维护皇权有着非常重要的意义,因此在永平二年冬十月壬子,幸辟雍,初行养老礼。诏曰:"光武皇帝建三朝之礼,而未及临飨。眇眇小子,属当圣业。间暮春吉辰,初行大射;令月元日,复践辟雍。尊事三老,兄事五更,安车软轮,供绥执授。侯王设酱,公卿馔珍,朕亲袒割,执爵而酳。祝哽在前,祝噎在后。升歌《鹿鸣》,下管《新宫》,八佾具修,万舞于庭。朕固薄德,何以克当?《易》陈负乘,《诗》刺彼己,永念惭疚,无忘厥心。三老李躬,年耆学明。五更桓荣,授朕《尚书》。《诗》曰:'无德不报,无言不酬。'其赐荣爵关内侯,食邑五千户。三老、五更皆以二千石禄养终厥身。其赐天下三老酒人一石,肉四十斤。有司其存耆耋,恤幼孤,惠鳏寡,称朕意焉。"①此表达了其敬老之情。

五帝在东汉的神灵祭祀系统中仍占有非常重要的地位,汉明帝即位后,永平二年正月辛未,初祀五帝于明堂,汉光武帝配。"五帝坐位堂上,各处其方。黄帝在未,皆如南郊之位。光武帝位在青帝之南少退,西面。牲各一犊,奏乐如南郊。卒事,遂升灵台,以望云物。"②"汉武帝时期,确立太一为祭祀神灵系统中的最高神,五帝退居为配祭神,但五帝在汉人心目中仍然是很重要的神灵,是仅次于天神的神祇。并且具有负责一方的神性。正因为如此,仅仅将五帝作为天神的从属神受到配祭是不够的。"③"汉明帝继承了光武帝制度的明堂礼仪,在明堂将五帝神作为主神加以祭祀,就使五帝神有了一个与其地位相符的奉祀方式。不仅如此,由于南郊以汉高祖神配祭,在明堂中用光武帝配祭五帝,也在神界秩序上给东汉王朝的创立者以相应的奉祀位置。"④因此,这一礼仪安排,诚如张鹤泉先生指出的那样,是对汉光武帝确立的祭祀制度的补充,使东汉的国家祭祀制度更加完善了。

---

① (宋)范晔撰,(唐)李贤等注:《后汉书》,中华书局,2014,第102-103页。

② 同上书,第3181页。

③ 张鹤泉:《汉明帝研究》,吉林文史出版社,2002,第168页。

④ 同上书,第169页。

帝王参加礼仪活动的冕服制度早已有之，如《后汉书·舆服志》载："上古穴居而野处，衣毛而冒皮，未有制度。后世圣人易之以丝麻，观翚翟之文，荣华之色，乃染帛以效之，始作五采，成以为服。见鸟兽有冠角髯胡之制，遂作冠冕缨蕤，以为首饰。凡十二章。故《易》曰：'庖牺氏之王天下也，仰观象于天，俯观法于地，观鸟兽之文，与地之宜，近取诸身，远取诸物，于是始作八卦，以通神明之德，以类万物之情。'"相传黄帝、尧、舜时期已经制定服制制度，以美丽的十二章纹对人民以道德教化。"黄帝、尧、舜垂衣裳而天下治，盖取诸乾巛。乾巛有文，故上衣玄，下裳黄。日月星辰，山龙华虫，作缋宗彝，藻火粉米，黼黻絺绣，以五采章施于五色作服。天子备章，公自山以下，侯伯自华虫以下，子男自藻火以下，卿大夫自粉米以下。至周而变之，以三辰为旂旗。王祭上帝，则大裘而冕；公侯卿大夫之服用九章以下。秦以战国即天子位，灭去礼学，郊祀之服皆以袀玄。汉承秦故。至世祖践祚，都于土中，始修三雍，正兆七郊。"①汉初礼制承袭秦，至汉显宗时，初服旒冕。"衣裳文章，赤舄絇屦，以祠天地，养三老五更于三雍，于时致治平矣。"汉显宗"二年春正月辛未，宗祀光武皇帝于明堂，帝及公卿列侯始服冠冕、衣裳、玉佩、絇屦以行事"②。举行不同的祭祀活动人们所穿的祭服不同。"天子、三公、九卿、特进侯、侍祠侯，祀天地明堂，皆冠旒冕，衣裳玄上纁下。乘舆备文，日月星辰十二章，三公、诸侯用山龙九章，九卿以下用华虫七章，皆备五采，大佩，赤舄絇履，以承大祭。百官执事者，冠长冠，皆祗服。五岳、四渎、山川、宗庙、社稷诸沾秩祠，皆袀玄长冠，五郊各如方色云。百官不执事，各服常冠袀玄以从。"③

冠是古代贵族男子的常服，汉明帝对不同等级身份的人的冠服做出了明确规定，由于本书研究的需要，下面仅介绍与祭祀有关的冠服。例如，等级最高的冕冠，一般用于祭祀等重大的典礼的礼服。汉明帝依据先秦典籍的记载，对不同等级的公卿冕服进行了重新规定："冕冠，垂旒，前后邃延，玉藻。孝明皇帝永平二年，初诏有司采《周官》、《礼记》、《尚书·皋陶篇》，乘舆服从欧阳氏说，公卿以下从大小夏侯氏说。冕皆广七寸，长尺二寸，前圆后方，朱绿里，玄上，前垂四寸，后垂三寸，系白玉珠为十二旒，以其绶采色为组缨。三公诸侯七旒，青玉为珠；卿大夫五旒，黑玉为珠。皆有前无后，各以其绶采色为组缨，旁垂黈纩。郊天地，宗祀，明堂，则冠之。衣裳玉佩备章采，乘舆刺绣，公侯九卿以下皆织成，陈留襄邑献之云。"④

汉明帝还规定不同礼仪活动要戴相应的冠，如宗庙祭祀戴长冠。"长冠，一曰斋冠，高七寸，广三寸，促漆纚为之，制如板，以竹为里。初，高祖微时，以竹皮为之，谓之刘氏冠，楚冠制也。民谓之鹊尾冠，非也。祀宗庙诸祀则冠之。皆服袀玄，绛

① (宋)范晔撰，(唐)李贤等注：《后汉书》，中华书局，2014，第3661－3662页。
② 同上书，第100页。
③ 同上书，第3663页。
④ 同上书，第3663－3664页。

缘领袖为中衣,绛裤袜,示其赤心奉神也。五郊,衣帻裤袜各如其色。此冠高祖所造,故以为祭服,尊敬之至也。"①

行大射礼于辟雍时戴委貌冠。"委貌冠、皮弁冠同制,长七寸,高四寸,制如覆杯,前高广,后卑锐,所谓夏之[毋]追,殷之章甫者也。委貌以皂绢为之,皮弁以鹿皮为之。行大射礼于辟雍,公卿诸侯大夫行礼者,冠委貌,衣玄端素裳。执事者冠皮弁,衣缁麻衣,皂领袖,下素裳,所谓皮弁素积者也。"②

爵弁、方山冠为乐人所服。"爵弁,一名冕。广八寸,长尺二寸,如爵形,前小后大,缯其上似爵头色,有收持笄,所谓夏收殷冔者也。祠天地五郊明堂,《云翘舞》乐人服之。《礼》曰:'朱干玉戚,冕而舞《大夏》。'"③

"方山冠……祠宗庙《大予》、《八佾》、《四时》、《五行》乐人服之,冠衣各如其行方之色而舞焉。"

"巧士冠,前高七寸,要后相通,直竖。不常服,唯郊天,黄门从官四人冠之,在卤簿中,次乘舆车前,以备宦者四星云。"④

汉明帝对后宫的妃嫔的祭祀服饰也进行了要求:"太皇太后、皇太后入庙服,绀上皂下,蚕,青上缥下,皆深衣制,隐领袖缘以绦。剪牦蔮,簪珥。珥,耳珰垂珠也。簪以玳瑁为擿,长一尺,端为华胜,上为凤皇爵,以翡翠为毛羽,下有白珠,垂黄金镊。左右一横簪之,以安蔮结。诸簪珥皆同制,其擿有等级焉。"⑤

汉明帝对皇后参加宗庙祭祀的祭服也进行了明确规定:"皇后谒庙服,绀上皂下,蚕,青上缥下,皆深衣制,隐领袖缘以绦。假结。步摇,簪珥。步摇以黄金为山题,贯白珠为桂枝相缪,一爵九华,熊、虎、赤罴、天鹿、辟邪、南山丰大特六兽,《诗》所谓'副笄六珈'者。诸爵兽皆以翡翠为毛羽。金题,白珠珰绕,以翡翠为华云。"⑥

对于参加先蚕礼的贵妇服饰也有规定:"贵人助蚕服,纯缥上下,深衣制。大手结,墨玳瑁,又加簪珥。长公主见会衣服,加步摇,公主大手结,皆有簪珥,衣服同制。自公主封君以上皆带绶,以采组为绲带,各如其绶色。黄金辟邪,首为带鐍,饰以白珠。"⑦宫中的贵妇以深衣为朝服,称"蚕服",与其相配的是相同颜色的绶带和腰带。太皇太后穿的蚕服衣领和边缘有丝绦,并用青色和浅蓝色拼接而成,青色在上,浅蓝色在下,其他贵妇的深衣则是浅蓝色,不同的等级佩戴不同的发簪和首饰。

同时规定冠服是祭服。"凡冠衣诸服,旒冕、长冠、委貌、皮弁、爵弁、建华、方山、巧士,衣裳文绣,赤舄,服絇履,大佩,皆为祭服……宗庙以下,祠祀皆冠长冠,皂

① (宋)范晔撰,(唐)李贤等注:《后汉书》,中华书局,2014,第3664页。
② 同上书,第3665页。
③ 同上。
④ 同上书,第3669页。
⑤ 同上书,第3676页。
⑥ 同上书,第3676－3677页。
⑦ 同上书,第3677页。

缯袍单衣,绛缘领袖中衣,绛裤袜。”[①]受阴阳五行思想的影响,“五郊各从其色焉”。

三、汉章帝以后的礼制建设

东汉的礼仪制度,经过汉光武帝与汉明帝的大力建设,已经初显盛大的规模。汉章帝等后任帝王在此基础上对其有所增益和完善。

汉章帝即位欲制定礼乐,元和二年下诏曰:“《河图》称:‘赤九会昌,十世以光,十一以兴。’《尚书琁机钤》曰:‘述尧理世,平制礼乐,放唐之文。’予末小子,托于数终,曷以缵兴,崇弘祖宗,仁济元元?《帝命验》曰:‘顺尧考德,题期立象。’且三五步骤,优劣殊轨,况予顽陋,无以克堪,虽欲从之,末由也已。每见图书,中心恧焉。”[②]他引述谶纬来表达建设礼制的迫切愿望,大臣们上疏积极响应。例如,曹褒想协助章帝建设新的礼制,于是上疏曰:“昔者圣人受命而王,莫不制礼作乐,以著功德。功成作乐,化定制礼,所以救世俗,致祯祥,为万姓获福于皇天者也。今皇天降祉,嘉瑞并臻,制作之符,甚于言语。宜定文制,著成汉礼,丕显祖宗盛德之美。”但是,曹褒的建议遭到了太常巢堪的反对。“以为一世大典,非褒所定,不可许。”[③]汉章帝知道“群僚拘挛,难与图始,朝廷礼宪,宜时刊立”,于是第二年又下诏曰:“朕以不德,膺祖宗弘烈。乃者鸾凤仍集,麟龙并臻,甘露宵降,嘉谷滋生,赤草之类,纪于史官。朕夙夜祗畏,上无以彰于先功,下无以克称灵物。汉遭秦余,礼坏乐崩,且因循故事,未可观省,有知其说者,各尽所能。”曹褒又上疏,“具陈礼乐之本,制改之意”,拜褒侍中,从驾南巡,既还,以事下三公,未及奏,诏召玄武司马班固,问改定礼制之宜。固曰:“京师诸儒,多能说礼,宜广招集,共议得失。”帝曰:“谚言:‘作舍道边,三年不成。’会礼之家,名为聚讼,互生疑异,笔不得下。昔尧作《大章》,一夔足矣。”[④]

汉章帝在章和元年正月,召褒诣嘉德门,令小黄门持班固所上叔孙通《汉仪》十二篇,重新整理汉代礼仪,敕褒曰:“此制散略,多不合经,今宜依礼条正,使可施行。于南宫、东观尽心集作。”曹褒接受命令,按照《汉仪》记载的礼仪,“依准旧典,杂以《五经》谶记之文,撰次天子至于庶人冠婚吉凶终始制度,以为百五十篇,写以二尺四寸简。其年十二月奏上”。帝以众论难一,故但纳之,不复令有司平奏。

汉章帝崩,汉和帝即位,曹褒为新作《汉礼》作章句,汉和帝以《新礼》二篇冠。后来太尉张酺、尚书张敏等奏曹褒擅制《汉礼》,破乱圣术,宜加刑诛。汉章帝虽然没有采纳他们的建议,但《汉礼》遂不行。“孝章永言前王,明发兴作,专命礼臣,撰

① (宋)范晔撰,(唐)李贤等注:《后汉书》,中华书局,2014,第3678页。
② 同上书,第1202页。
③ 同上。
④ 同上书,第1203页。

定国宪，洋洋乎盛德之事焉。而业绝天算，议黜异端，斯道竟复坠矣。”①

汉和帝时儒生张奋屡次上言“制礼”，如永元九年奏：“臣以为汉当制作礼乐，是以先帝圣德，数下诏书，愍伤崩缺，而众儒不达，议多驳异。臣累世台辅，而大典未定，私窃惟忧，不忘寝食。臣犬马齿尽，诚冀先死见礼乐之定。”永元十三年复上疏曰：“汉当改作礼乐，图书著明。王者化定制礼，功成作乐。谨条礼乐异议三事，愿下有司，以时考定。昔者孝武皇帝、光武皇帝封禅告成，而礼乐不定，事不相副。先帝已诏曹褒，今陛下但奉而承之，犹周公斟酌文武之道，非自为制，诚无所疑。久执谦谦，令大汉之业不以时成，非所以章显祖宗功德，建太平之基，为后世法。”②汉和帝虽然认为他的建议很好，但仍未施行。

此后汉安帝时刘珍、陈忠，汉桓帝时胡广，汉献帝时刘表，或制定汉礼，或建言行礼，但是此时的帝王已经没有了先前帝王的雄心壮志，加之国家政治的衰败，遂使臣子制礼兴治的热情落空。

第四节　汉代儒生对汉代礼乐的论述

在两汉礼乐制度建设的历程中，儒家思想占主导地位。可以说，两汉的礼制是儒家化的礼制，儒生在礼仪制度的议定、礼仪活动的执行和礼仪机构的管理等实践活动中都起到了重要的作用。

一、贾谊的礼乐思想

贾谊是汉初著名的思想家、政治家，可以说是“汉初比较全面系统地提出礼治思想的第一人”③。贾谊为汉初礼仪制度的确立做出了很大的贡献。

贾谊是汉初的硕儒，以儒家的礼为治国之本。贾谊为《左传》训诂，倡导儒家礼学思想。刘歆在《移让太常博士书》中说：“汉兴，去圣帝明王遐远，仲尼之道又绝，法度无所因袭，时独有一叔孙通略定礼仪，天下唯有《易》卜，未有它书。至孝惠之世，乃除挟书之律，然公卿大臣绛、灌之属咸介胄武夫，莫以为意。至孝文皇帝……天下众书往往颇出，皆诸子传说，犹广立于学官，为置博士。在汉朝之儒，唯贾生而已。”④由上面这段记载可以看出贾谊在汉初儒学复兴中的重要地位。

贾谊认为礼是治国的根本，对儒家礼义思想尊崇有加。“道德仁义，非礼不成；教训正俗，非礼不备；分争辨讼，非礼不决；君臣上下父子兄弟，非礼不定；宦、学事师，非礼不亲；班朝、治军，莅官、行法，非礼威严不行；祷祠、祭祀，供给鬼神，非礼不

① （宋）范晔撰，（唐）李贤等注：《后汉书》，中华书局，2014，第1205页。

② 同上书，第1199－1200页。

③ 黄宛峰：《略论贾谊的礼治思想》，《河南大学学报》，1983年第4期，第51页。

④ （汉）班固撰，（唐）颜师古注：《汉书》，中华书局，2007，第1968－1969页。

诚不庄。是以君子恭、敬、撙、节、退让以明礼。”[①]是其制礼的指导思想。

(一)以礼正风俗

贾谊依据秦不施礼义,推行商鞅变法,最后灭亡的教训,认为“商君遗礼义,弃仁恩,并心于进取,行之二岁,秦俗日败。……功成求得矣,终不知反廉愧之节,仁义之厚。信并兼之法,遂进取之业,天下大败,众掩寡,智欺愚,勇威怯,壮陵衰,其乱至矣”。秦灭亡,但这种风气在汉初仍未改,并给社会造成了很大的危害。“其遗风余俗,犹尚未改。今世以侈靡相竞,而上亡制度,弃礼谊,捐廉耻,日甚,可谓月异而岁不同矣。逐利不耳,虑非顾行也,今其甚者杀父兄矣。盗者剟寝户之帘,搴两庙之器,白昼大都之中剽吏而夺之金。矫伪者出几十万石粟,赋六百余万钱,乘传而行郡国,此其亡行义之尤至者也。而大臣特以簿书不报,期会之间,以为大故。至于俗流失,世坏败,因恬而不知怪,虑不动于耳目,以为是适然耳。夫移风易俗,使天下回心而乡道,类非俗吏之所能为也。俗吏之所务,在于刀笔筐箧,而不知大体。陛下又不自忧,窃为陛下惜之。”[②]

贾谊认为,礼是道德人伦的最高境界。“君仁臣忠,父慈子孝,兄爱弟敬,夫和妻柔,姑慈妇听,礼之至也。君仁则不厉,臣忠则不贰,父慈则教,子孝则协,兄爱则友,弟敬则顺,夫和则义,妻柔则正,姑慈则从,妇听则婉,礼之质也。”[③]这是礼对社会全体成员在行为规范方面提出的具体要求。

(二)以礼定尊卑

贾谊认为礼是国家稳定的根本。“礼者,所以固国家,定社稷,使君无失其民者也。主主臣臣,礼之正也;威德在君,礼之分也;尊卑大小强弱有位,礼之数也。”尊卑有序是礼的重要标志,尊卑有序才能“天子爱天下,诸侯爱境内,大夫爱官属,士庶各爱其家”。“失爱不仁,过爱不义,故礼者所以守尊卑之经,强弱之称者也。”[④]尊卑有序,帝王的权利神圣不可侵犯。“人主之尊,譬如堂,群臣如陛,众庶如地。故陛九级上,廉远地,则堂高;陛亡级,廉近地,则堂卑。高者难攀,卑者易陵,理势然也。故古者圣王制为等列,内有公卿大夫士,外有公侯伯子男,然后有官师小吏,延及庶人,等级分明,而天子加焉,故其尊不可及也。”[⑤]施行礼治,尊卑有序就会天下和谐,达到“君仁臣忠,父慈子孝,兄爱弟敬,夫和妻柔,姑慈妇听”[⑥]的目的。

同时,贾谊还认为君主不要仅以礼约束人民,同时还要爱民,要关心人民的生产生活。天子安心饮食,奏乐为娱的前提是使人民有充裕的积蓄,使人民丰衣足

---

① (清)孙希旦撰,沈啸寰、王星贤点校:《礼记集解》,中华书局,1989,第8-9页。
② (汉)班固撰,(唐)颜师古注:《汉书》,中华书局,2007,第2244-2245页。
③ (汉)贾谊著,吴云、李春台校注:《贾谊集校注》,天津古籍出版社,2010,第179页。
④ 同上。
⑤ (汉)班固撰,(唐)颜师古注:《汉书》,中华书局,2007,第2245页。
⑥ (汉)贾谊著,吴云、李春台校注:《贾谊集校注》,天津古籍出版社,2010,第179页。

食，遇到干旱、洪涝等自然灾害时，人民不至于饥饿流亡。“故礼，国有饥人，人主不飧；国有冻人，人主不裘；报囚之日，人主不举乐。岁凶，谷不登，台扉不涂，榭彻干侯，马不食谷，驰道不除，食减膳，飨祭有阙。故礼者，自行之义，养民之道也……礼，圣王之于禽兽也，见其生不忍见其死，闻其声不尝其肉，隐弗忍也。故远庖厨，仁之至也。”①贾谊将其爱民思想也纳入礼的范围。

二、董仲舒的礼乐思想

汉武帝元朔五年六月下诏完善礼乐制度，诏曰：“盖闻导民以礼，风之以乐，今礼坏乐崩，朕甚闵焉。故详延天下方闻之士，咸荐诸朝。其令礼官劝学，讲议洽闻，举遗兴礼，以为天下先。太常其议予博士弟子，崇乡党之化，以厉贤材焉。”②

董仲舒积极响应，认为汉初礼乐衰微当进行改革：“今汉继秦之后，如朽木粪墙矣，虽欲善治之，亡可奈何。法出而奸生，令下而诈起，如以汤止沸，抱薪救火，愈甚亡益也。窃譬之琴瑟不调，甚者必解而更张之，乃可鼓也；为政而不行，甚者必变而更化之，乃可理也。当更张而不更张，虽有良工不能善调也；当更化而不更化，虽有大贤不能善治也。故汉得天下以来，常欲善治而至今不可善治者，失之于当更化而不更化也。古人有言曰：‘临渊羡鱼，不如退而结网。’今临政而愿治七十余岁矣，不如退而更化；更化则可善治，善治则灾害日去，福禄日来。《诗》云：‘宜民宜人，受禄于人。’为政而宜于民者，固当受禄于天。”③他认为推行礼乐教化的重要手段就是弘扬儒家的五常之道。“夫仁谊礼知信五常之道，王者所当修饬也；五者修饬，故受天之晁，而享鬼神之灵，德施于方外，延及群生也。”④

董仲舒和其他儒生一样强调礼乐的教化作用，认为礼乐可以正民风、民俗。“道者，所繇适于治之路也，仁义礼乐皆其具也。故圣王已没，而子孙长久安宁数百岁，此皆礼乐教化之功也。王者未作乐之时，乃用先王之乐宜于世者，而以深入教化于民。教化之情不得，雅颂之乐不成，故王者功成作乐，乐其德也。乐者，所以变民风，化民俗也；其变民也易，其化人也著。故声发于和而本于情，接于肌肤，臧于骨髓。故王道虽微缺，而管弦之声未衰也。”他以水与堤坝的关系为例说明礼乐对人民教化的重要作用，同时提出对人民实施教化的重要手段就是设立太学、庠序。“凡以教化不立而万民不正也。夫万民之从利也，如水之走下，不以教化堤防之，不能止也。是故教化立而奸邪皆止者，其堤防完也；教化废而奸邪并出，刑罚不能胜者，其堤防坏也。古之王者明于此，是故南面而治天下，莫不以教化为大务。立太学以教于国，设庠序以化于邑，渐民以仁，摩民以谊，节民以礼，故其刑罚甚轻而禁

① (汉)贾谊著，吴云、李春台校注：《贾谊集校注》，天津古籍出版社，2010，第180－181页。

② (汉)班固撰，(唐)颜师古注：《汉书》，中华书局，2007，第171－172页。

③ 同上书，第2504－2505页。

④ 同上书，第2505页。

不犯者，教化行而习俗美也。”①

在强调礼乐教化的同时，董仲舒主张大一统，强调政治和思想上的一统。“《春秋》大一统者，天地之常经，古今之通谊也。今师异道，人异论，百家殊方，指意不同，是以上亡以持一统；法制数变，下不知所守。臣愚以为诸不在六艺之科孔子之术者，皆绝其道，勿使并进。邪辟之说灭息，然后统纪可一而法度可明，民知所从矣。”②

董仲舒认为，“天地人，万物之本也，天生之，地养之，人成之。天生之以孝悌，地养之以衣食，人成之以礼乐，三者相为手足，合以成体，不可一无也。无孝悌则亡其所以生，无衣食则亡其所以养，无礼乐，则亡其所以成也”③，因此“明主贤君，必于其信，是故肃慎三本”，祭祀祖先、秉耒躬耕、礼乐教化是治民的根本，三者不可或缺，“郊祀致敬，共事祖祢，举显孝悌，表异孝行，所以奉天本也；秉耒躬耕，采桑亲蚕，垦草殖谷，开辟以足衣食，所以奉地本也；立辟雍庠序，修孝悌敬让，明以教化，感以礼乐，所以奉人本也”④，如果三者皆奉，则会达到“民如子弟，不敢自专，邦如父母，不待恩而爱，不须严而使”。“故以德为国者，甘于饴蜜，固于胶漆，是以圣贤勉而崇本，而不敢失也，君人者，国之证也，不可先倡，感而后应，故居倡之位而不行倡之势，不居和之职而以和为德，常尽其下，故能为之上也。”⑤

董仲舒还认为祭祀之礼最为重要的是祭祀天地的郊祀，即使有国丧也应进行。“《春秋》之义，国有大丧者，止宗庙之祭，而不止郊祭，不敢以父母之丧，废事天地之礼也。父母之丧，至哀痛悲苦也，尚不敢废郊也，庸足以废郊者？故其在礼，亦曰：‘丧者不祭，唯祭天为越丧而行事。’”⑥天子是天的儿子，在任何情况下都不得废弃祭天之礼，郊祀是最高级别的祭祀礼仪。“天子号天之子也。奈何受为天子之号，而无天子之礼？天子不可不祭天也，无异人之不可以不食父。为人子而不事父者，天下莫能以为可。”因此，每年岁首、出兵征伐等都应祭天。“是故天子每至岁首，必先郊祭以享天，乃敢为地，行子礼也；每将同师，必先郊祭以告天，乃敢征伐，行子道也。文王受天命而王天下，先郊乃敢行事，而兴师伐崇。”董仲舒在《春秋繁露·郊义》中依据《春秋》认为王者应一年岁首郊天一次：“天者，百神之君也，王者之所最尊也。以最尊天之故，故易始岁更纪，即以其初郊。郊必以正月上辛者，言以所最尊，首一岁之事。每更纪者以郊，郊祭首之，先贵之义，尊天之道也。”董仲舒在《春秋繁露·郊义》中认为一年中宗庙祭祀应为四次：“宗庙因于四时之易，郊因

---

① （汉）班固撰，（唐）颜师古注：《汉书》，中华书局，2007，第 2503－2504 页。
② 同上书，第 2523 页。
③ （清）苏舆：《春秋繁露义证》，中华书局，1992，第 168 页。
④ 同上书，第 169 页。
⑤ 同上书，第 169－170 页。
⑥ 同上书，第 404 页。

于新岁之初，圣人有以起之，其以祭不可不亲也。”

董仲舒认为君王是天的儿子，天子祭天是理所当然之事，而臣民是天子的臣民。这样将天与人完满地结合起来，这正是其天人合一思想的重要体现。天人合一，天下人都得听从天的安排，而天的儿子是皇帝，所以大家要听从皇帝的命令，从而实现汉代的大一统，为统治集团服务，这也是新儒家的大一统思想的体现。这种学说使宗教祭祀的政治功能得到进一步的加强。“天若不予是家，是家者安得立为天子？立为天子者，天予是家。天予是家者，天使是家……不祭天者，乃不可祭小神也。郊因先卜，不吉不敢郊。百神之祭不卜，而郊独卜，郊祭最大也。”①祭天是最盛大的祭礼，不祭天不可以举行其他的祭礼，因此每年的年初，汉代帝王首先要举行祭天之礼。

董仲舒极力提倡祭祀之礼，为汉代的统治服务，要求人们要以虔敬之心去对待祭祀，极力夸大祭祀的作用。“尊天，美义也；敬宗庙，大礼也。圣人之所谨也。不多而欲洁清，不贪数而欲恭敬。君子之祭也，躬亲之，致其中心之诚，尽敬洁之道，以接至尊，故鬼享之。享之如此，乃可谓之能祭。祭者，察也，以善逮鬼神之谓也。善乃逮不可闻见者，故谓之察。吾以名之所享，故祭之不虚，安所可察哉！祭之为言际也与？祭然后能见不见。见不见之见者，然后知天命鬼神。知天命鬼神，然后明祭之意。明祭之意，乃知重祭事。孔子曰：‘吾不与祭，如不祭。祭神如神在。’重祭事，如事生。故圣人于鬼神也，畏之而不敢欺也，信之而不独任，事之而不专恃。”②

在有干旱发生时人们要进行祭祀求雨，每个季节求雨祭祀的神灵和所用的祭品不同。董仲舒在《春秋繁露·求雨》中介绍了四时求雨。

“春旱求雨。令县邑以水日祷社稷山川，家人祀户……其神共工，祭之以生鱼八，玄酒，具清酒……祝斋三日，服苍衣。”舞苍龙，祭祀用蛙。

“夏求雨，令县邑以水日，家人祀灶……其神蚩尤，祭之以赤雄鸡七，玄酒，具清酒、脯脯，祝斋三日，服赤衣。……季夏祷山陵以助之……其神后稷……服黄衣而舞之。”

“秋暴巫尪至九日……其神少昊，祭之以桐木鱼九，玄酒，具清酒、脯脯。衣白衣。”

“冬舞龙六日，祷于名山以助之。家人祠井……其神玄冥，祭之以黑狗子六，玄酒，具清酒、脯脯。祝斋三日，衣黑衣，祝礼如春。”

除了干旱求雨之外，洪涝发生时还要进行祭祀止雨。人们认为洪涝是由阴盛阳衰造成的，女子属阴，举行祭祀的时候藏而匿不准出门。“凡止雨之大礼，女子欲

---

① (清)苏舆:《春秋繁露义证》，中华书局，1992，第409页。

② 同上书，第441－442页。

其藏而匿也，丈夫欲其和而乐也。开阳而闭阴，阖水而开火。”①汉武帝二十一年，“八月甲申，朔。丙午……阴雨太久，恐伤五谷，趣止雨。止雨之礼，废阴起阳。书十七县，八十离乡，及都官吏千石以下，夫妇在官者，咸遣妇归……鼓用牲于社。祝之曰：‘雨以太多，五谷不和，敬进肥牲以请社灵，社灵幸为止雨，除民所苦，无使阴灭阳。阴灭阳，不顺于天。天意常在于利民，愿止雨。’”②

以上关于汉代求雨、止雨的祭祀，无不显示出董仲舒的阴阳五行、阴阳和谐观念。

三、司马迁的礼乐思想

司马迁认为礼乐是治国的措施，“乐者，圣人之所乐也，而可以善民心。其感人深，其风移俗易，故先王著其教焉”③，礼乐可以正人心，《史记·乐书》太史公曰：“夫上古明王举乐者，非以娱心自乐，快意恣欲，将欲为治也。正教者皆始于音，音正而行正。故音乐者，所以动荡血脉，通流精神而和正心也。”“夫乐者乐也，人情之所不能免也。乐必发诸声音，形于动静，人道也。声音动静，性术之变，尽于此矣。故人不能无乐，乐不能无形。形而不为道，不能无乱。先王恶其乱，故制《雅》《颂》之声以道之，使其声足以乐而不流，使其文足以纶而不息，使其曲直繁省廉肉节奏，足以感动人之善心而已矣，不使放心邪气得接焉，是先王立乐之方也。是故乐在宗庙之中，君臣上下同听之，则莫不和敬；在族长乡里之中，长幼同听之，则莫不和顺；在闺门之内，父子兄弟同听之，则莫不和亲。故乐者，审一以定和，比物以饰节，节奏合以成文，所以合和父子君臣，附亲万民也，是先王立乐之方也。故听其《雅》《颂》之声，志意得广焉；执其干戚，习其俯仰诎信，容貌得庄焉；行其缀兆，要其节奏，行列得正焉，进退得齐焉。故乐者天地之齐，中和之纪，人情之所不能免也。”

司马迁还持有以下观点。

礼乐可以治民。“礼义立，则贵贱等矣；乐文同，则上下和矣；好恶著，则贤不肖别矣；刑禁暴，爵举贤，则政均矣。仁以爱之，义以正之，如此则民治行矣。”④

礼乐谐和人民就不会有争怨。“乐至则无怨，礼至则不争。揖让而治天下者，礼乐之谓也。暴民不作，诸侯宾服，兵革不试，五刑不用，百姓无患，天子不怒，如此则乐达矣。合父子之亲，明长幼之序，以敬四海之内。天子如此，则礼行矣。”⑤

---

① （清）苏舆：《春秋繁露义证》，中华书局，1992，第438页。

② 同上书，第438－439页。

③ （汉）司马迁撰，（宋）裴骃集解，（唐）司马贞索引，（唐）张守节正义：《史记》，中华书局，2005，第1206页。

④ 同上书，第1187页。

⑤ 同上书，第1188页。

礼乐不但可以治国还可以修性养身。“礼乐顺天地之情，达神明之德，降兴上下之神，而凝是精粗之体，领父子君臣之节。”①

君子不可须臾离开礼乐。“须臾离礼则暴慢之行穷外；不可须臾离乐，须臾离乐则奸邪之行穷内。故乐音者，君子之所养义也。”②

礼是对人的行为的外在约束，乐是对人的内心的培养与锤炼。“礼乐不可以斯须去身。致乐以治心，则易直子谅之心油然生矣……致礼，以治躬者也。治躬则庄敬，庄敬则严威。心中斯须不和不乐，而鄙诈之心入之矣；外貌斯须不庄不敬，而慢易之心入之矣。故乐也者，动于内者也；礼也者，动于外者也。乐极和，礼极顺。内和而外顺，则民瞻其颜色而弗与争也，望其容貌而民不生易慢焉。德辉动乎内而民莫不承听，理发乎外而民莫不承顺，故曰‘知礼乐之道，举而错之天下无难矣’。”③

司马迁认为，礼乐是人生来就需要的，因此礼乐对治国和修身都有着重要的作用。

但是，司马迁的礼乐思想有一定的局限性，强调礼乐的阶级性，认为人的尊卑是上天注定的。“天尊地卑，君臣定矣。高卑已陈，贵贱位矣。动静有常，小大殊矣。方以类聚，物以群分，则性命不同矣。在天成象，在地成形，如此则礼者天地之别也。”④

四、《淮南子》的道家礼乐观及祭祀思想

《淮南子》本名《鸿烈》，由西汉时期淮南王刘安招致宾客集体创作而成。《淮南子》一书以道家思想为指导，吸收诸子百家学说，融会贯通而成，是战国至汉初黄老之学理论体系的代表作。与大力提倡礼乐教化的儒家思想者们相比，《淮南子》在礼乐教化问题上有着不同的观点和看法。《淮南子》讲究道法自然，无为而治，率性而行。“率性而行谓之道，得其天性谓之德。性失然后贵仁，道失然后贵义。是故仁义立而道德迁矣，礼乐饰则纯朴散矣，是非形则百姓眩矣，珠玉尊则天下争矣。凡此四者，衰世之造也，末世之用也。”⑤遵循本性天然，率性而为是道的本色，而礼仪的兴起破坏了这种淳朴自然的本性。仁义、礼乐、珠玉都是对人的纯真本性的破坏，是使人头晕目眩的东西。

《淮南子》中认为，“夫礼者，所以别尊卑，异贵贱”⑥，最初制礼是为了区别尊卑贵贱，而如今的礼只存有虚假的外衣，表面恭敬而内心妒忌，“今世之为礼者，恭敬

---

① (汉)司马迁撰，(宋)裴骃集解，(唐)司马贞索引，(唐)张守节正义：《史记》，中华书局，2005，第1202页。

② 同上书，第1237页。

③ 同上书，第1217－1218页。

④ 同上书，第1194页。

⑤ 陈康德：《淮南子直解》，复旦大学出版社，2001，第510页。

⑥ 同上。

而忮”①,礼义已经失去了最初的本义,“为义者,布施而德。君臣以相非,骨肉以生怨,则失礼义之本也”。《淮南子·本经训》认为仁义礼乐只是衰世的权宜之计,并不是治理国家的唯一法宝,“仁义礼乐者,可以救败,而非通治之至也。夫仁者,所以救争也;义者,所以救失也;礼者,所以救淫也;乐者,所以救忧也。神明定于天下而心反其初;心反其初而民性善,民性善而天地阴阳从而包之,则财足而人澹矣,贪鄙忿争不得生焉。由此观之,则仁义不用矣”。道,是万物万法之源,是创造一切的力量;德,是为顺应自然、社会和人类客观需要去做事的行为,不违背自然发展规律去发展自然、发展社会,这样天下才会大治,施行礼乐制度是道德衰微的表现。“道德定于天下而民纯朴,则目不营于色,耳不淫于声,坐俳而歌谣,被发而浮游,虽有毛嫱、西施之色,不知说也。《掉羽》《武象》,不知乐也,淫泆无别不得生焉。由此观之,礼乐不用也。是故德衰然后仁生,行沮然后义立,和失然后声调,礼淫然后容饰。是故知神明然后知道德之不足为也,知道德然后知仁义之不足行也,知仁义然后知礼乐之不足修也。今背其本而求其末,释其要而索之于详,未可与言至也。”(《淮南子·本经训》)

《淮南子》同时认为礼乐具有虚伪性,不知返本原心,“故礼者,实之华而伪之文也”(《淮南子·氾论训》),礼仪隐藏了人的本性,“礼仪饰则生伪匿之本”(《淮南子·齐俗训》),儒家的礼乐观的束缚使人失去了人的自然本性,礼乐文化是权宜之计,衰世才会采用礼制来束缚人的行为和心灵,“衰世凑学,不知原心反本,直雕琢其性,矫拂其情,以与世交。故目虽欲之,禁之以度,心虽乐之,节之以礼;趋翔周旋,诎节卑拜,肉凝而不食,酒澄而不饮,外束其形,内总其德,钳阴阳之和而迫性命之情,故终身为悲人”,若以道治国则不然,“达至道者则不然。理情性,治心术;养以和,持以适。乐道而忘贱,安德而忘贫;性有不欲,无欲而不得;心有不乐,无乐而不为。无益情者不以累德,而便性者不以滑和。故纵体肆意,而度制可以为天下仪”。

《淮南子》中对祭祀的认识也受到了阴阳观念的影响,《淮南子·天文训》曰:“道始于一,一而不生,故分而为阴阳,阴阳合和而万物生。故曰:‘一生二,二生三,三生万物。’天地三月而为一时,故祭祀三饭以为礼,丧纪三踊以为节,兵重三罕以为制。”万物由阴阳二气交和合气而生,天地运行的时间以三月为一季,所以祭祀要以尸受“三饭”作为仪式。同时,阴阳五行具有很强的比附性和类比性,如社祭和祭祀求雨中的五脏,每个季节用的内脏代表五行中的一种,祭服五种不同的颜色代表不同的季节。《淮南子·时则训》记载了天子四时祭祀孟春、季春、孟夏、仲夏、孟秋、仲秋、季秋、孟冬、仲冬的情况,其中四时天子穿着不同颜色的衣服与其对应,这是阴阳五行思想的明显反映,如春衣青衣,孟夏、仲夏衣赤衣,季夏衣黄衣,秋

① 陈康德:《淮南子直解》,复旦大学出版社,2001,第510页。

衣白衣，冬衣黑衣。

五、《白虎通义》以阴阳五行和天人感应思想看待礼乐

阴阳五行思想在我国古代是一种根深蒂固的思想。“五行，是中国人的思想律，是中国人对宇宙系统的信仰；二千余年来，它有极强固的势力。”①

阴阳五行思想对中国古代人民的生活影响范围广泛。“五行是当时人们的一种普遍的宇宙观，是中国古人用来解释和说明宇宙自然乃至社会人生的一套普遍运用的符号系统。阴阳五行这一符号系统对中国传统文化有着极其深远的影响，它不仅为精英思想家的思想传统提供了一套解释其宇宙观的基本概念，而且在祭祀、丧葬、占卜、风水等等各种民间宗教实践中，在对于民族的生存、繁衍具有重要意义的农业、医药、烹调等等的实用知识中，也都构成了一个最基本的理论基础。”②

阴阳五行观念在我国由来已久，有一个漫长的发展过程。阴阳五行思想是影响汉代的一种主要思想，顾颉刚认为：“汉代人的思想骨干，是阴阳五行，无论在政治上，在宗教上，在学术上，没有不用这套方式的。”③侯外庐主编的《中国思想通史》在“阴阳五行思想和易传思想”一节提及阴阳五行思想是认识汉代儒家哲学的基础：“如果不理解阴阳五行学派的世界观、知识论和逻辑学，则对于自汉以下的儒家哲学，也不能够有充分理解。”④

阴阳五行观念在汉代思想史中的地位是毋庸置疑的。它对汉代的政治、经学、文化、礼仪等方面都产生了一定的影响，祭祀文化与文学同样也受到了一定的影响。顾颉刚总结了阴阳五行对中国古代社会的影响：“有阴阳之说以统辖天地、昼夜、男女等自然现象，以及尊卑、动静、刚柔等抽象观念；有五行之说，以木、火、土、金、水五种物质与其作用统辖时令、方向、神灵、音律、肤色、食物、臭味、道德等，以至于帝王的系统和国家的制度。”⑤

阴阳五行说为汉代民间宗教信仰和宗教实践提供了理论依据，自秦以来阴阳五行在社会上广泛流传，并为民间方士所利用。

《白虎通义·社稷》认为，稷吸收了阴阳之气同时为五谷之长，因此要祭祀稷神。“稷，五谷之长，故封稷而祭之也。稷者，得阴阳中和之气，而用尤多，故为长也。”

---

① 顾颉刚编著：《古史辨》（第五册），上海古籍出版社，1982，第404页。

② 徐克谦：《阴阳五行说：中国古代的宇宙解释系统》，《南京理工大学学报》（社会科学版），1999年第4期，第1页。

③ 顾颉刚编著：《古史辨》（第五册），上海古籍出版社，1982，第1页。

④ 侯外庐、赵继彬、杜国庠：《中国思想通史》第一卷，人民出版社，1957，第645页。

⑤ 顾颉刚编著：《秦汉的方士与儒生》，群众出版社，1955，第1页。

《白虎通义》中认为对五祀的祭祀也要顺应五行。“祭五祀所以岁一遍何？顺五行也。故春即祭户。户者，人所出入，亦春万物始触户而出也。夏祭灶，灶者，火之主人，人所以自养也。夏亦火王，长养万物。秋祭门。门以闭藏自固也。秋亦万物成熟，内备自守也。冬祭井。井者，水之生藏任地中。冬亦水王，万物伏藏。”(《白虎通义·五祀》)

《白虎通义》将礼乐纳入到阴阳五行的体系之中，“乐者，阳也。动作倡始，故言作。礼者，阴也。系制于阳，故言制。乐象阳也，礼法阴也”(《白虎通义·礼乐》)，用阴阳的观念来解释礼与乐的关系，乐象阳也，礼法阴，阳尊阴卑。依据古人阴阳和谐的观念，只有礼乐和谐天下才会大治。“乐由阳来者也，礼由阴作者也，阴阳和而万物得。”(《礼记·郊特牲》)

自周以来历代帝王对礼乐的教化意义都非常重视。“黄帝曰《咸池》者，言大施天下之道而行之，天之所生，地之所载，咸蒙德施也。”(《白虎通义·礼乐》)汉代儒生对礼乐文化的伦理道德教化意义的重视和提倡是历史发展的必然要求。古人的礼乐教化体现在社会生活的多个方面，如歌唱者和舞蹈者所处的位置，表现了人们对道德的崇尚。“歌者在堂上，舞在堂下何？歌者象德，舞者象功，君子上德而下功。”①

此外，国家的祭祀也体现了礼乐伦理教化，明堂辟雍的建立具有明显的伦理道德教化意义。“天子立辟雍何？所以行礼乐，宣德化也。辟者，壁也，象璧圆，以法天也。雍者，雍之以水，象教化流行也。辟之为言积也。积天下之道德。雍之为言壅也。天下之仪则，故谓之辟雍也。”②辟雍象征天圆地方，流传教化，桓谭《新论·正经》认为：“王者作圆也，如璧行，实水其中，以圆雍之，名曰辟雍，言其上承天地，以班教令，流转王道，周而复始。”

“天子立明堂者，所以通神灵，感天地，正四时，出教化，宗有德，重有道，显有能，褒有行者也。明堂上圆下方，八窗四闼，布政之宫，在国之阳。上圆法天，下方法地，八窗象八风，四闼法四时，九室法九州，十二坐法十二月，三十六户法三十六雨，七十二牖法七十二风。”③天子建立明堂是为了与神灵相通。明堂是古代帝王明政教之场所，凡祭祀、朝会、庆赏、选士均在此举行。明堂上圆下方、八窗、四闼、九宫、十二坐、三十六户、七十二牖象征着天地、四时、九州、十二月、三十六雨、七十二风等自然流变。

礼在中国古代社会生活中占有非常重要的地位，《礼稽命征》曰：“礼之动摇，与天地同气，四时合信，阴阳为符，日月为明，上下和洽，则物兽如其性命。”④礼仪

---

① (清)陈立撰，吴则虞点校：《白虎通疏证》，中华书局，2007年，第115页。

② 同上书，第259页。

③ 同上书，第265-266页。

④ [日]安居香山、[日]中村璋八辑：《纬书集成》，河北人民出版社，1994，第507页。

得当国家会和谐吉祥。"王者得礼之宜。则宗庙生祥木。王者制礼作乐,改损祭器,得鬼神之助,则白玉赤文,象其威仪之状。王者制礼作乐,得天心,则景星见。王者君臣父子夫妻尊卑有别,则石生于泽也。父子君臣夫妇尊卑有别,凤凰至,飞翔于明堂。"①礼仪得当也会带来农业的丰收"绥五车,明五礼,则五禾应以大丰。"②(《礼含文嘉》)

汉代的礼乐制度承袭了先秦时期的政治教化作用,但汉代礼制不是对周代的简单模仿,汉代的礼乐文化根据社会治理和统治者的统治需要而融入了很多新的因素。

---

① [日]安居香山、[日]中村璋八辑:《纬书集成》,河北人民出版社,1994,第509页。

② 同上书,第498页。

第三章　两汉时期的祭祀系统建构

第一节　两汉初期的祭祀系统建构

汉初统治者承继战国和秦代的祭祀制度,建立了规模宏大、程序复杂的祭祀制度,这与战国末年、秦汉之际人们的自然观、社会观的发展并不合拍。汉代统治者的祭祀较先秦祭祀制度有着浓厚的政治意味,这使得祭祀不仅没有随鬼神崇拜的淡化而逐渐衰落,反而越来越强盛了。

一、汉初对祭祀体系的恢复

"国之大事,在祀与戎。"(《左传·成公十三年》)祭祀在先秦帝王的生活中占有十分重要的地位,沿及汉代,祭祀在人们的生活中仍然具有十分重要的作用,汉高祖刘邦在建国之初就非常重视祭祀,在秦的祭祀基础上有所沿革和创新,"高祖初起,祷丰枌榆社。徇沛,为沛公,则祠蚩尤,衅鼓旗"(《史记·封禅书》),二年立黑帝祠,祀五帝,"二年,东击项籍而还入关,问:'故秦时上帝祠何帝也?'对曰:'四帝,有白、青、黄、赤帝之祠。'高祖曰:'吾闻天有五帝,而有四,何也?'莫知其说。于是高祖曰:'吾知之矣,乃待我而具五也。'乃立黑帝祠……下诏曰:'吾甚重祠而敬祭。今上帝之祭及山川诸神当祠者,各以其时礼祠之如故。'"后四年基本确立了汉初祭祀体系,"令祝立蚩尤之祠于长安。长安置祠祝官、女巫。其梁巫祠天、地、天社、天水、房中、堂上之属;晋巫祠五帝、东君、云中君、巫社、巫祠、族人炊之属;秦巫祠杜主、巫保、族累之属;荆巫祠堂下、巫先、司命、施糜之属;九天巫祠九天:皆以岁时祠宫中。其河巫祠河于临晋,而南山巫祠南山、秦中。"①高祖八年立灵星祠,十年祠社稷。高祖建国之时的祭祀系统基本上是对秦代的沿袭。汉初祭祀人员系统十分庞大,长安置祠祝官、女巫。其中,有梁巫、晋巫、秦巫、荆巫、九天巫、河巫、南山巫等。

汉文帝十三年废除了秘祝。秘祝乃秦代司祈祝之官,《史记·封禅书》:"祝官有秘祝,即有灾祥,辄祝祠移过于下。"张守节正义:"谓有灾祥辄令祝官祠祭,移其

---

① (汉)班固撰,(唐)颜师古注:《汉书》,中华书局,2007,第1211页。

咎恶于众官及百姓也。”裴骃集解引应劭曰：“秘祝之官移过于下，国家讳之，故曰秘。”国家有灾难征兆时秘祝将祸患移于百官和百姓身上，因为其秘不可宣，所以称之为秘祝。汉文帝认为这是错误的做法，因此废除了秘祝。《史记·孝文本纪》有云：“上曰：‘盖闻天道祸自怨起，而福繇德兴，百官之非，宜由朕躬，今秘祝之官，移过于下，以彰吾之不德，朕甚不取，其除之。’”

增雍五畤以车马，汉文帝始郊见雍五畤祠，十四年，“赵人新垣平以望气见上，言‘长安东北有神气，成五采，若人冠冕焉。或曰东北神明之舍，西方神明之墓也。天瑞下，宜立祠上帝，以合符应’。于是作渭阳五帝庙，同宇，帝一殿，面五门，各如其帝色。祠所用及仪亦如雍五畤”①。后立五帝坛，祠以五牢具。

二、汉武帝时期的祭祀体系建构

（一）确立“太一”的至尊地位

“武帝初即位，尤敬鬼神之祀。”汉武帝确立了神灵系统的至尊神为“太一”。春秋时期诸侯争霸，礼崩乐坏，各国祭祀主神不一。秦襄公祭白帝，秦宣公祭青帝，秦灵公祭黄帝、炎帝。《史记·封禅书》记载了汉初祭神的变迁：“高祖时，东击项籍而还，问：‘故秦时上帝祠何帝也？’对曰：‘四帝，有白、青、黄、赤帝之祠。’高祖曰：‘吾闻天有五帝，而有四，何也？’莫知其说。于是高祖曰：‘吾知之矣，乃待我而具五也。’乃立黑帝祠，命曰北畤。”可见汉初的祭祀主神是人神——五帝，还没有“太一”神的身影。

到汉武帝时“太一”才得到隆重的祭祀，在众天神中处于重要的位置。谬忌在奏祠“太一”时说：“天神贵者泰一，泰一佐曰五帝。”《史记·封禅书》言：“天神贵者太一。”《索引》曰：“天一、太一，北极神之别名。”“太一”又称泰一。故《正义》曰：“泰一，天帝之别名也。刘伯庄云：‘泰一，天神之最尊者也。’”泰一就是泰皇。泰皇即太皇，故《淮南子·精神训》言：“登太皇，冯太一，玩天地于掌握之中。”（注曰：“太皇，天也。”）《史记·秦始皇本纪》有所谓三皇，指天皇、地皇、泰皇，并说“泰皇最尊”。可见，到汉武帝时“太一”的神格是最尊天神。对“太一”的一些具体职能，《史记》《汉书》中有一些记载。《正义》曰：“天一一星，疆阊阖外，天帝之神，主战斗，知人吉凶。明而有光，则阴阳和，万物成，人主吉；不然，反是。太一一星次天一南，亦天帝之神，主使十六神，知风雨、水旱、兵革、饥馑、疾疫。占以不明及移为灾也。《星经》云：‘天一、太一二星主王者即位，令诸立赤子而传国位者。星不欲微；微则废立不当其次，宗庙不享食矣。’”《汉书·李寻传》注引孟康曰：“紫宫，天之北宫也。极，天之北极星也，枢是其回转者也。《天文志》曰：‘天极其一明者，太一常居也。’太一，天皇大帝也，与通极为一体，故曰通位帝纪也。”可见，“太一”神是主

① （汉）班固撰，（唐）颜师古注：《汉书》，中华书局，2007，第1213页。

管一切的天神，主宰着人间的一切。

为什么到了汉武帝时期“太一”被奉为最尊神呢？这是由于当时政治的需要。汉武帝继承帝位后罢黜百家，独尊儒术，在政治上想建立大一统的局面。宗教祭祀是人们生活中的重要活动，对人们的思想有着重要的影响，而为了实现政治上的大一统，首先应实现思想上的大一统。张新科在《文化视野中的汉代文学》一书中是这样认为的：“由郊祭五帝发展到郊祭太一，不只是祭祀对象的变化，更重要的是体现了汉人宗教观念的变化，是汉代大一统政治的形象展现。众神归一，说明天下一统。”①彭卫、杨振红在《中国风俗通史·秦汉卷》中对这一问题也进行了阐述：“随着楚势力的扩展，对太一的崇拜也随之向东方和南方沿海地区蔓延。汉王朝的建立者来自东楚，他们入主关中后，也将太一崇拜引入黄河中游地区。大一统的政治统制需要相应的神学说教，因此象征大一统的太一神顺理成章地被汉代统治者所接受。这个事件发生在中央集权得到空前加强的武帝时期有其必然，而以先秦楚人的上帝而不是用黄河流域五帝作为全国的上帝，同样有其必然。”②“太一”是已有的神灵，不是汉人创造出的神灵。“太一”作为天神祭祀当最早见于《楚辞·九歌·东皇太一》，其中记录了对“太一”的祭祀过程。王逸注云：“太一，星名，天之尊神，祠在楚东，以配东帝，故曰东皇。”③《楚辞·九歌·东皇太一》：“穆将愉兮上皇。”东皇太一亦可称上皇，正合其“天神之尊贵者”的身份。宋玉《高唐赋》云：“进纯牺，祷璇室，醮诸神，礼太一。”刘良注云：“诸神，百神也。太一，天神也。天神尊，敬礼也。”④汉代统治者多来自楚地，受楚风的影响推崇“太一”为其政治服务是必然的。对天神的崇拜，维护其大一统的政治思想当是最重要的原因。

（二）恢复郊祀礼仪

郊祀由来已久，最初只是祭天，“《舜典》正月上日，肆类于上帝，禋于六宗，注告天及五帝，疏以事类而祭也”（《玉海·郊祀》）。商周时期都有祭天的记载，“冬日至，祀天于圆丘，大宗伯以禋祀，祀昊天上帝，礼神玉以苍璧，牲币随玉色”（《玉海·郊祀》）。到了周代伴有祭地，“昊天有成命郊祀天地也”（《周颂·昊天有成命》）。秦时祭天有白、青、黄、赤帝之祠，汉高祖时立黑帝祠名曰北畤，“有司进祠，上不亲往。悉召故秦祝官，复置太祝、太宰，如其故仪礼。因令县为公社。下诏曰：‘吾甚重祠而敬祭。今上帝之祭及山川诸神当祠者，各以其时礼祠之如故。’”（《汉书·郊祀志》）。

汉代正式的郊祀礼始于汉文帝，汉文帝十五年下《议郊祀诏》讨论郊祀礼：“‘有异物之神见于成纪，毋害于民，岁以有年。朕几郊祀上帝诸神，礼官议，毋讳

① 张新科：《文化视野中的汉代文学》，中国社会科学出版社，2006，第207页。
② 彭卫、杨振红：《中国风俗通史·秦汉卷》，上海文艺出版社，2002，第546－547页。
③ （汉）王逸注，（宋）洪兴祖补注：《楚辞章句补注》，吉林人民出版社，1999，第56页。
④ （梁）萧统编，（唐）李善注：《文选》，中华书局，1981，第267页。

以朕劳。'有司皆曰：'古者天子夏亲郊祀上帝于郊，故曰郊。'于是，夏四月文帝始幸雍郊见五畤，祠衣皆上赤。"①这一时期郊祀礼主要指的是祭天地之礼。

汉王朝为了维护帝统的权威和合法性，维护其大一统的统治地位，大肆宣扬皇帝是天的儿子，天是世间一切的主宰。到了汉武帝时期，其发展尤甚，"至武帝定郊祀之礼，祠太一于甘泉，就乾位也，祭后土于汾阴，泽中方丘也……以正月上辛用事甘泉圜丘，使童男女七十人俱歌，昏祠至明"（《汉书·礼乐志》）。

汉武帝时期，郊祀礼得到了进一步的完备和发展。汉武帝即位后八年，"初至雍郊见五畤，后常三岁一郊"。《索引》司马贞云："元年祭天，二年祭地，三年祭五畤，三岁一遍，皇帝自行也。"②这时已经开始有了祭地之礼。元鼎四年（公元前113年），汉武帝郊祀五畤，他认为仅郊祀上帝是不够的，"今上帝朕亲郊，而后土无祀，则礼不答"③，让大臣们讨论祭祀后土的事情。太史令司马谈和祠官宽舒建议在汾阴县祭祀后土："今陛下亲祠后土，后土宜于泽中圆丘为五坛，坛一黄犊太牢具。已祠尽瘗，而从祠衣上黄。"④于是汉武帝便"立后土祠于汾阴上"，十一月甲子率领群臣到汾阴祭祀后土，"上亲拜望，如上帝礼"（《史记·封禅书》），祭祀后土的制度开始被确定下来。

汉代郊祀之礼是不断发展和建制的，"帝王之事莫大乎承天之序，承天之序莫重于郊祀，故圣王尽心极虑以建其制"（《汉书·郊祀志》）。汉武帝确立郊祀礼，认为"太一"是最尊天神，春秋祭"太一"于南郊。

汉代郊祀天地的地点多次有所改动。汉武帝时期祭"太一"于甘泉，祭后土于汾阴。汉成帝初即位，丞相衡、御史大夫桓谭奏言："往者，孝武皇帝居甘泉宫，即于云阳立泰畤，祭于宫南。今行常幸长安，郊见皇天反北之泰阴，祠后土反东之少阳，事与古制殊。又至云阳，行溪谷中，阨陕且百里，汾阴则渡大川，有风波舟楫之危，皆非圣主所宜数乘。郡县治道共张，吏民困苦，百官烦费。劳所保之民，行危险之地，难以奉神灵而祈福佑，殆未合于承天子民之意。"⑤于是将郊天移到长安南郊，祀地移到长安北郊，后期又恢复了甘泉祭"太一"、汾阴祭后土的制度。汉平帝时期，王莽改制，将郊天、祀地之礼合并举行，但实质上还是延续了南北郊祀的做法。东汉承之，少有改动。实质上，汉代人南郊祭天、北郊祭地明显是受到了当时阴阳观念的影响，"帝王之事莫大乎承天之序，承天之序莫重于郊祀……祭天于南郊，就阳之义也，瘗地于北郊，即阴之象也"（《汉书·郊祀志》）是其明证。

---

① （汉）班固撰，（唐）颜师古注：《汉书》，中华书局，2007，第1213页。

② （汉）司马迁撰，（宋）裴骃集解，（唐）司马贞索引，（唐）张守节正义：《史记》，中华书局，2005，第1384页。

③ 同上书，第1389页。

④ 同上。

⑤ （汉）班固撰，（唐）颜师古注：《汉书》，中华书局，2007，第1254页。

（三）封禅确立帝统

封禅最早见于《管子·封禅篇》，后司马迁在《史记·封禅书》中曾引用《管子·封禅篇》中的内容，并对其加以阐释。张守节作《正义》时进一步论述了"封禅"之意："此泰山上筑土为坛以祭天，报天之功，故曰封。此泰山下小山上除地，报地之功，故曰禅。言禅者，神之也。"张守节还指出了封禅的目的："天命以为王，使理群生，告太平于天，报群神之功。"①关于封禅还有另外一种解释，《白虎通义·封禅》中说"或曰封者，金泥银绳，或曰石泥金绳，封之印玺也"，后世学者认为这是封禅过程中的仪式，是指将封禅所用的文书以"金泥银绳"或"石泥金绳"封之，埋于地下。

汉代帝王如此热衷封禅主要出于政治目的，在向天下宣布自己帝统合法的同时报答群神的庇护。《史记·封禅书》引据《五经通义》曰："易姓而王，致太平，必封泰山，禅梁父，天命以为王，使理群生，告太平于天，报群神之功。"古人认为山川能兴云雨，孕育万物，是万物之始。《风俗通义·山泽》曰："《诗》云：'泰山岩岩，鲁邦所瞻。'尊曰岱宗。岱者，长也。万物之始，阴阳之交代，云触石而出，肤寸而合，不崇朝而遍雨天下，其惟泰山乎？故为五岳之长。王者受命易姓，改制应天，功成封禅，以告天地。"《白虎通义·封禅》云："王者易姓而起，必升封泰山何？报告之义也。始受命之日，改制应天，天下太平，功成封禅，以告太平也。所以必于泰山何？万物之始，交代之处也。必于其上何？因高告高，顺其类也。故升封者，增高也。下禅梁甫之基，广厚也。刻石纪号者，著己之功迹以自效也。……或曰封者，广也。言禅者，明以成功相传也。"封禅活动实质上是帝王向天下宣告自己地位的合法性和权威性，是强调君权神授的重要手段。

至汉武帝时，封禅之礼大盛，"登封报天，降禅除地"（《史记·封禅书》），以彰其功。据《史记·封禅书》和《汉书·武帝纪》，汉武帝巡狩和封禅的活动有八次之多。汉武帝亲自设定封禅礼仪，带人登上泰山顶，亲自主持封禅大典。汉武帝如此重视封禅，是为其施行大一统的政治目的所服务，通过封禅宣扬君权至高无上。

三、西汉后期的祭祀体系建构

汉武帝以后的帝王对其祭祀制度基本上是承袭，很少有所变化。"成帝初即位，丞相衡、御史大夫谭奏言：'帝王之事莫大乎承天之序，承天之序莫重于郊祀，故圣王尽心极虑以建其制。祭天于南郊，就阳之义也，瘗地于北郊，即阴之象也。天之于天子也，因其所都而各飨焉。往者，孝武皇帝居甘泉宫，即于云阳立泰畤，祭于宫南。今行常幸长安，郊见皇天反北之泰阴，祠后土反东之少阳，事与古制殊……甘泉泰畤、河东后土之祠宜可徙置长安，合于古帝王。'"（《汉书·郊祀志》）于是，

① （汉）司马迁撰，（宋）裴骃集解，（唐）司马贞索引，（唐）张守节正义：《史记》，中华书局，2005，第1355页。

汉成帝将甘泉泰畤后土之祠移至长安,徙南北郊之礼。

汉成帝在桓谭等人的建议下废除了北畤祠、陈宝祠和雍鄜、密、上、下畤。汉成帝二年才开始亲自参加南郊祭天礼仪,张衡、桓谭认为有些祭祀礼仪应当废除,于是上奏:"长安厨官县官给祠郡国候神方士使者所祠,凡六百八十三所,其二百八所应礼,及疑无明文,可奉祠如故。其余四百七十五所不应礼,或复重,请皆罢。"[①]汉成帝采纳了他们的建议,废除了一些祭祀制度。"本雍旧祠二百三所,唯山川诸星十五所为应礼云。若诸布、诸严、诸逐,皆罢。杜主有五祠,置其一。又罢高祖所立梁、晋、秦、荆巫、九天、南山、莱中之属,及孝文渭阳、孝武薄忌泰一、三一、黄帝、冥羊、马行、泰一、皋山山君、武夷、夏后启母石、万里沙、八神、延年之属,及孝宣参山、蓬山、之罘、成山、莱山、四时、蚩尤、劳谷、五床、仙人、玉女、径路、黄帝、天神、原水之属,皆罢。候神方士使者副佐、本草待诏七十余人皆归家。"[②]汉成帝后来由于没有子嗣,又恢复了废除的一些祭祀礼仪。"复亲郊礼如前。又复长安、雍及郡国祠著明者且半。"汉成帝晚年颇好鬼神。"成帝末年颇好鬼神,亦以无继嗣故,多上书言祭祀方术者,皆得待诏,祠祭上林苑中长安城旁,费用甚多,然无大贵盛者。"[③]

西汉后期祭祀仍然十分兴盛,汉哀帝时期"尽复前世所常兴诸神祠官,凡七百余所,一岁三万七千祠云"[④]。汉平帝时期接受王莽的建议"分群神以类相从为五部,兆天地之别神:中央帝黄灵后土畤及日庙、北辰、北斗、填星、中宿中宫于长安城之未墬兆;东方帝太昊青灵勾芒畤及雷公、风伯庙、岁星、东宿东宫于东郊兆;南方炎帝赤灵祝融畤及荧惑星、南宿南宫于南郊兆;西方帝少皞白灵蓐收畤及太白星、西宿西宫于西郊兆;北方帝颛顼黑灵玄冥畤及月庙、雨师庙、辰星、北宿北宫于北郊兆"[⑤]。于是长安旁诸庙兆畤十分兴盛。

当然西汉的祭祀制度也有不稳定之处,汉平帝原始五年王莽议复长安南北郊,王莽改礼,使得三十年间天地之祠五徙焉。王莽新政时期,"莽遂崈鬼神淫祀,至其末年,自天地六宗以下至诸小鬼神,凡千七百所,用三牲鸟兽三千余种。后不能备,乃以鸡当鹜鴈,犬当麋鹿。数下诏自以当仙"[⑥]。

东汉时期祭祀基本定型,神灵系统十分庞大,汉光武帝时期的祭祀活动主要有即位告天、郊祭和封禅、宗庙、社稷等。东汉时期除了继承西汉已有的祭祀系统外也有自己的创新,如汉光武帝时期加强了对宗庙的祭祀,完善了袷祭制度。上古时期就有四季祭四帝的习俗,上古于立春日祭青帝,立夏日祭赤帝,立秋日祭白帝 ,

① (汉)班固撰,(唐)颜师古注:《汉书》,中华书局,2007,第1257页。
② 同上书,第1257-1258页。
③ 同上书,第1260页。
④ 同上书,第1264页。
⑤ 同上书,第1268页。
⑥ 同上书,第1270页。

立冬日祭黑帝；汉平帝增加了立秋前十八日祭黄帝。“迎时气，五郊之兆。自永平中，以《礼谶》及《月令》有五郊迎气服色，因采元始中故事，兆五郊于雒阳四方。中兆在未，坛皆三尺，阶无等。”①迎气是为了迎接四季，祈求丰收。汉桓帝好神仙事，增加了对老子的祭祀。“延熹八年，初使中常侍之陈国苦县祠老子。九年，亲祠老子于濯龙。文罽为坛，饰淳金扣器，设华盖之坐，用郊天乐也。”②

第二节　两汉时期的祭祀神灵系统

两汉时期祭祀繁盛，祭祀系统庞大，但与先秦时期的祭祀系统相比发生了很大的变化。

一、两汉时期的祭祀神灵系统

祭祀产生于早期人类社会的万物有灵和灵魂不灭观念，人们认为冥冥中世间的万物都由神灵在掌管，比如天有天神，地有地祇。《周礼·春官·大宗伯》中有“以吉礼祀邦国之鬼、神、亓”，将祭祀按对象分为人鬼、天神、地亓等三大类，每类下又细分为若干类。如天神，《周礼》分之为三等：第一等是昊天，或称天皇大帝，为百神之君、天神之首；第二等是日月星辰；第三等是除五纬、十二辰、二十八宿之外，凡是职有所司、有功于民的列星，如司中、司命、风伯、雨师等。对地亓的祭祀，依照主次尊卑的顺序分为三等：第一等社稷、五祀、五岳；第二等山林、川泽；第三等四方百物等。人鬼之祭主要是对祖先的祭祀。汉代的祭祀对象众多，大致可分为以下几类。

（一）天神

“在原始时代，起初只有具体的日月星辰等天体崇拜，而没有抽象的天神崇拜；只有众神，而没有统管一切的至上神。大约到父系公社时代，产生了原始天神崇拜。所谓天神，不是抽象的至上神，而是日月星辰的综合体。”③随着部落联盟和阶级的出现，天神的群体中也出现了至尊的“帝”。周人继承了商人的观念，把上帝作为至上神，统领诸神。秦汉时期，上帝观发生了变化，汉武帝时期，尊“太一”为至上天神，谬忌在奏祠“太一”时说：“天神贵者泰一，泰一佐曰五帝。”《史记·封禅书》曰：“五帝，太一之佐。”至此，以“太一”为中心，以五帝为辅佐神，包括日月星辰、风雨雷电等气象诸神在内的天神体系建立起来了。东汉时期皇天上帝取代“太一”成为了至尊神。

（二）地祇

与天神相配合，两汉也建立了地祇诸神体系。地祇以后土为最尊，其次是社

---

① （宋）范晔撰，（唐）李贤等注：《后汉书》，中华书局，2014，第3181页。

② 同上书，第3188页。

③ 詹鄞鑫：《神灵与祭祀——中国传统总结综论》，江苏古籍出版社，1992，第44页。

稷、五岳和名山大川，另有山、林、川、泽及百物杂神等。

汉初无后土之祀，为避免“郊天而不祀地，失对偶之义”，汉武帝在汾阴立后土祠，与天相配，“上亲望拜，如上帝礼”，从此祭地也有了专门场所。此后，甘泉祠“太一”，汾阴祠后土，成为皇帝祭祀天地的重要仪式。

汉代郊祀歌《帝临》即为祭祀后土之歌，其言：“后土富媪，昭明三光。穆穆优游，嘉服上黄。”颜师古注引张晏说：“媪，老母称也。坤为母，故称媪。海内安定，富媪之功耳。”(《汉书·礼乐志》)

汉成帝时，一些大臣认为“郊见皇天反北之泰阴，祠后土反东之少阳”，以甘泉、汾阴位置与其祭义相反，阴阳颠倒为由，主张仿古制在长安建南北郊祭祀天地，被汉成帝采纳。后期又恢复了甘泉祭“太一”，汾阴祭后土的制度。汉平帝时期，王莽改制，将郊天、祀地之礼合并举行，但实质上还是延续了南北郊祀的做法。东汉承之，少有改动。实质上，汉代人南郊祭天、北郊祭地明显是受到了当时阴阳观念的影响，“帝王之事莫大乎承天之序，承天之序莫重于郊祀……祭天于南郊，就阳之义也，瘗地于北郊，即阴之象也”(《汉书·郊祀志》)是其明证。

(三)人鬼

两汉时期的人鬼祭祀系统主要可分为人类始祖和本宗、本族的祖先神两类。作为人类始祖的伏羲、女娲，汉代将二人皆列为“三皇”之一。“伏羲、女娲、神农是三皇也。”他们的形象是“伏羲鳞身，女娲蛇躯”。伏羲、女娲在汉画中也以始祖神的面目出现。

汉代的主流观点认为伏羲是三皇之一。汉代将伏羲与太昊连文，伏羲是至高神灵之一。汉高祖初期尚赤色，认为是对伏羲、神农、黄帝下历唐虞三代的继承，宣扬其帝统的合法性。伏羲是古代人民心中重要的神灵、始祖，汉及以前的官方祀典对太昊伏羲祭祀的记载并不明晰，在一些文献中只见吉光片羽，如《汉旧仪》有云：“祭三皇、五帝、九皇、六十四民，皆古帝王，凡八十一姓也。”①由现在的历史遗迹可见汉代民间对伏羲的祭祀十分兴盛，后人为了祭祀伏羲在河南淮阳建了伏羲陵。伏羲陵又名太昊陵，位于河南淮阳县城郊的蔡河之滨。淮阳春秋时为陈国地，相传伏羲曾在此建都，因此有陵。“据‘朝祖’碑记载，太昊陵最早是孔子做陈大夫时建的。《陈州府志》记载，春秋时这里已有陵墓。汉代在陵前建祠，汉梁武祠画像石有伏羲赞‘伏羲苍精，初造工业，画卦结绳，以理海内’。”②另一处是河北新乐伏羲台。“伏羲台上有羲皇古庙，相传始建于汉代。近年来，伏羲台及其周围出土有新石器时代石斧、汉代瓦当、战国青铜器和不同时期的陶器等文物。”③汉代以后历代对伏羲的祭祀从未间断过。

---

① (清)孙星衍等辑：《汉官六种》，中华书局，1990，第100页。

② 王彪：《中州风物记》，新华出版社，1986，第233页。

③ 政协石家庄市委员会编：《石家庄建筑精览》，中国对外翻译出版公司，2001，第186页。

女娲除了保持原有人类始祖的地位外，在汉代神格有所发展。女娲神话后来发展为与伏羲神话相结合，人们认为伏羲、女娲是兄妹，属于兄妹婚。女娲是女性神的象征，具有主婚姻和生殖的神格，关于女娲此种神格最早见于汉代文献。《风俗通》佚文云："女娲，伏希之妹。"①《风俗通义》佚文又云："女娲祷神祠祇而为女媒，因置婚姻。"②汉代石刻画像与砖画中，伏羲、女娲多是人面蛇身交尾像。王延寿《鲁灵光殿赋》亦云："伏羲鳞身，女娲蛇躯。"③从中可知伏羲、女娲兄妹结婚之说由来已久。女娲也被当作媒神来祭祀，《风俗通义》佚文曰："女娲祷祠神祈而为女媒，因置昏姻，行媒始行明矣。夫昏以昏时，而昏繇此；因以因娅，而因乎人。姻者，姻之始，媒者，姻之聚，所谓昏因姻媒如此。"④《说文解字》对"媒"是这样解释的："禖，祭也……媒言禖，神之也。"⑤"媒，谋也，谋合二姓也。从女，某声。"⑥可见汉代"媒"有祭祀之意。《汉书·武五子传》："武帝二十九年乃得太子，甚喜，为礼禖，使东方朔、枚皋作禖祝。"据《后汉书·礼仪志》记载："仲春之月，立高禖祠于城南，祀以特牲。"媒神把男女结合在一起，使其生儿育女，繁衍后代，媒神其实也是古代的生殖神。女娲到东汉时期被视为长生神，当与东汉时期道教兴起，而求仙长生是道教思想的核心有关。

《汉书·郊祀志》曰："祀者，所以昭孝事祖，通神明也。"祭祀祖先表现了对祖先的尊敬和怀念，同时也表达了希望得到祖先的庇佑和保护。汉初宗庙之礼由叔孙通所定，"颇采古礼与秦仪杂就之"，不合西周古制甚多。汉元帝时期宰相贡禹、薛广德、韦玄成、匡衡等人认为汉初以来的礼制不合古礼，要求改正，因而在宗庙迭毁、南北郊祀等问题上争论不休，一些庙时毁时修。王莽托古改制，一些礼制得到了修改。东汉时期光武帝对宗庙祭祀进行了恢复，张纯、曹褒等人先后参与制度汉礼，张纯定宗庙之礼，定禘、祫之礼。汉光武帝建武二十六年，诏纯曰："禘、祫之祭，不行已久矣。'三年不为礼，礼必坏；三年不为乐，乐必崩。'宜据经典，详为其制。"纯奏曰："《礼》，三年一祫，五年一禘。《春秋传》曰：'大祫者何？合祭也。'毁庙及未毁庙之主皆登，合食乎太祖，五年而再殷。汉旧制三年一祫，毁庙主合食高庙，存庙主未尝合祭。元始五年，诸王公列侯庙会，始为禘祭。又前十八年亲幸长安，亦行此礼。……祫祭以冬十月，冬者五谷成孰，物备礼成，故合聚饮食也。斯典之废，于兹八年，谓可如礼施行，以时定议。"⑦于是禘、祫之礼遂定。

---

① （汉）应劭撰，王利器校注：《风俗通义校注》，中华书局，1981，第599页。

② 同上。

③ 费振刚、仇仲谦、刘南平校注：《全汉赋校注》，广东教育出版社，2005，第852页。

④ （汉）应劭撰，王利器校注：《风俗通义校注》，中华书局，1981，第599页。

⑤ （汉）许慎撰，（清）段玉裁注：《说文解字注》，浙江古籍出版社，2006，第7页。

⑥ 同上书，第613页。

⑦ （宋）范晔撰，（唐）李贤等注：《后汉书》，中华书局，2014，第1195页。

二、自然崇拜的衰落

与先秦时期相比,在两汉祭祀系统中自然神的地位开始衰落。依据《汉书·郊祀志》,汉高祖建国之初“梁巫祠天、地、天社、天水、房中、堂上之属;晋巫祠五帝、东君、云中君、巫社、巫祠、族人炊之属;秦巫祠杜主、巫保、族累之属;荆巫祠堂下、巫先、司命、施糜之属;九天巫祠九天:皆以岁时祠宫中。其河巫祠河于临晋,而南山巫祠南山、秦中”。参照《汉书·郊祀志》《后汉书·祭祀》以及《史记·封禅书》《两汉仪记》,会发现两汉时期对自然神的崇拜已没有先秦时期那么强烈,而且风神、雷神、电神、火神、水神、石神、海神还有一些动植物的崇拜在两汉的祭祀系统中都很少看到。并且出现了自然神人格化的倾向,比如河流神。

河流神的人格化现象出现很早,先秦时期,人们已把一些氏族或部落首领奉为河流神。《左传·昭公元年》记载:“昔金天氏有裔子曰昧,为玄冥师,生允格、台骀。台骀能业其官,宣汾、洮,障大泽,以处大原。帝用嘉之;封诸汾川,沈、姒、蓐、黄实守其祀。今晋主汾而灭之矣。由是观之,则台骀,汾神也。”子产认为金天氏之子台骀是汾水之神。

河伯是著名的水神,春秋时期已有关于河伯名称及形象的记载。《艺文类聚》卷十一引《尚书·中候》中的河伯是人首鱼身的形象:“伯雩曰:‘臣观河伯,面长人首鱼身,出水曰:“吾河精也。”授臣河图。’”

《晏子春秋·内篇谏》曰:“古冶子曰:‘吾尝从君济于河。鼋衔左骖以入砥柱之流。当是时也,冶少不能游,潜行,逆流百步,顺流九里,得鼋而杀之,左操骖尾,右挈鼋头,鹤跃而出。津人皆曰:“河伯也!”’”这里的河伯又是以鼋的形象出现的。

战国时期河伯的形象不一。

《韩非子·内储说上》云:“齐人有谓齐王日:‘河伯,大神也。王何不试与之遇乎?臣请使王遇之。’乃为坛场大水之上,而与王立之焉。有间,大鱼动,因曰:‘此河伯。’”可见齐人心目中的河伯仍为鱼形。

《庄子·秋水》对河伯形象也有侧面描述:“秋水时至,百川灌河,泾流之大,两涘渚崖之间不辩牛马。于是焉河伯欣然自喜,以为天下之美为尽在己。顺流而东行,至于北海,东面而视,不见水端,于是焉河伯始旋其面目,望洋向若而叹。”

《庄子》里河伯有着人的情感,能视、能叹、能喜、能望、能行,还有各种欲望,但是否为人形无从考证。而屈原的《九歌·河伯》中河伯的形象为风流潇洒的公子:“鱼鳞屋兮龙堂,紫贝阙兮朱宫,灵何为兮水红。”

黄河最早的人化神是河伯冯夷。《后汉·张衡传》注引《圣贤冢墓记》曰:“冯夷者,弘农华阴潼乡堤首里人,服八石,得水仙为河伯 。”又《龙鱼河图》曰:“河伯姓吕 ,名公子 ,夫人姓冯名夷 。”《广雅·释天》曰:“河伯谓之冯夷。”《史记·滑稽列传》张守节正义云："河伯，华阴潼乡人，姓冯氏，名夷。浴于河中而溺死，遂为河伯也。"《博物志》卷七亦曰："冯夷，华阴潼乡人也。得仙道，化为河伯。"可见到了汉代，河伯的自然神地位大大降低。

虽然汉代自然神的总体地位衰落，但不是所有的自然神的地位都在衰落，"太一"的地位得到了提升。由于封禅的举行，泰山在祭祀系统中的地位也得到了提升。汉宣帝即位二年时，"立岁星、辰星、太白、荧惑、南斗祠于长安城旁。又祠参山八神于曲城，蓬山石社石鼓于临朐，之罘山于腄，成山于不夜，莱山于黄。成山祠日，莱山祠月。又祠四时于琅邪，蚩尤于寿良。京师近县鄠，则有劳谷、五床山、日月、五帝、仙人、玉女祠。云阳有径路神祠，祭休屠王也。又立五龙山仙人祠及黄帝、天神、帝原水，凡四祠于肤施"①。

三、神祇政治意义的加强和世俗化

汉代时期的神灵系统与先秦时期相比有了很大的变化，西汉时期"太一"的神格最高，到东汉时期"太一"的神格开始衰落而西王母的神格不断升高。可见，汉代时期神灵系统也有着一定的不稳定性。这种不稳定性与统治者的政治意愿相联系。

"太一"作为天神祭祀当最早见于《楚辞·九歌·东皇太一》，其中记录了对"太一"的祭祀过程。王逸注云："太一，星名，天之尊神，祠在楚东，以配东帝，故曰东皇。"②《九歌·东皇太一》："穆将愉兮上皇。"东皇太一亦可称上皇，正合其"天神之尊贵者"的身份。宋玉《高唐赋》云："进纯牺，祷璇室，醮诸神，礼太一。"刘良注云："诸神，百神也。太一，天神也。天神尊，敬礼也。"③原始宗教思想的特点是人类对原始现象认识的一种反映，在对某一现象无法理解时，人们就把其寄托为冥冥中的一种神奇力量——神，原始的自然崇拜就具有这一特点。"太一"是先秦时期就已有的一位重要的神灵，而对于其神格属性则颇有异说。大体可以分为人神、天神两类。

认同"太一"是人神的学者有：曹胜高认为"太一"的原型为女娲；褚斌杰认为"太一"是楚国之保护神，"东皇"即楚国之帝；闻一多认为"太一"是伏羲。此外还有郭沫若的楚国至上神说，孙常叙的战神说等。

认为"太一"神是天神说的有：王逸的星神说，闻一多的天神说，姜亮夫的天神中至尊神说，萧兵的"岁星兼日神"说，龚维英的太阳神说等。

各家之说都言之有据，天神说从者较多。笔者也赞同天神说，楚人尚东，东皇"太一"当有最尊之义。《楚辞·九歌·东皇太一》曰："吉日兮辰良，穆将愉兮上

① (汉)班固撰，(唐)颜师古注：《汉书》，中华书局，2007，第1250页。

② (汉)王逸注，(汉)洪兴祖补注：《楚辞章句补注》，吉林人民出版社，1999，第56页。

③ (梁)萧统编，(唐)李善注：《文选》，中华书局，1981，第267页。

皇。”据末句“君欣欣兮乐康”所述，上皇得到了高度的愉悦和满足。由此可见，东君即上皇，为楚之重要天神。

春秋时期诸侯争霸，礼崩乐坏，各国祭祀主神不一。秦襄公祭白帝，秦宣公祭青帝，秦灵公祭黄帝、炎帝。汉初的祭祀主神是人神——五帝，并不是“太一”。到汉武帝时“太一”才得到隆重的祭祀，在众天神中处于重要的位置。谬忌在奏祠“太一”时说：“天神贵者泰一，泰一佐曰五帝。”《史记·封禅书》言：“天神贵者太一。”《索引》：“天一、太一，北极神之别名。”“太一”又称泰一。故《正义》曰：“泰一，天帝之别名也。刘伯庄云：‘泰一，天神之最尊者也。’”泰一就是泰皇。泰皇即太皇，故《淮南子·精神训》言：“登太皇，冯太一，玩天地于掌握之中。”（注曰：“太皇，天也。”）《史记·秦始皇本纪》有所谓三皇，指天皇、地皇、泰皇，并说“泰皇最尊”。由此可见，到汉武帝时“太一”的神格是最尊天神。对“太一”的具体职能，《史记》《汉书》中有一些记载。《史记·天官书》《正义》：“天一一星，疆阊阖外，天帝之神，主战斗，知人吉凶。明而有光，则阴阳和，万物成，人主吉；不然，反是。太一一星次天一南，亦天帝之神，主使十六神，知风雨、水旱、兵革，饥馑、疾疫。占以不明及移为灾也。《星经》云：‘天一、太一二星主王者即位，令诸立赤子而传国位者。星不欲微；微则废立不当其次，宗庙不享食矣。’”《汉书·李寻传》注引孟康曰：“紫宫，天之北宫也。极，天之北极星也，枢是其回转者也。《天文志》曰：‘天极其一明者，太一常居也。’太一，天皇大帝也，与通极为一体，故曰通位帝纪也。”由此可见，“太一”神是主管一切的天神，主宰着人间的一切。

汉武帝时期“太一”为什么会受到如此之高的礼遇，被奉为最尊神呢？张新科在《文化视野中的汉代文学》一书中是这样认为的：“由郊祭五帝发展到郊祭太一，不只是祭祀对象的变化，更重要的是体现了汉人宗教观念的变化，是汉代大一统政治的形象展现。众神归一，说明天下一统。”[①]彭卫、杨振红在《中国风俗通史·秦汉卷》中对这一问题也进行了阐述：“随着楚势力的扩展，对太一的崇拜也随之向东方和南方沿海地区蔓延。汉王朝的建立者来自东楚，他们入主关中后，也将太一崇拜引入黄河中游地区。大一统的政治统制需要相应的神学说教，因此象征大一统的太一神顺理成章地被汉代统治者所接受。这个事件发生在中央集权得到空前加强的武帝时期有其必然，而以先秦楚人的上帝而不是用黄河流域五帝作为全国的上帝，同样有其必然。”[②]汉代统治者来自楚地，受楚风的影响推崇“太一”为其政治服务是必然的。对“太一”神的崇拜，是维护其大一统的政治思想的一个重要手段。此即通过宗教思想的统一，最后达到政治思想上的一统。

汉代帝王宣扬大一统、维护皇权至高无上的另一重要手段是举行封禅。封禅

① 张新科：《文化视野中的汉代文学》，中国社会科学出版社，2006，第 207 页。

② 彭卫、杨振红：《中国风俗通史·秦汉卷》，上海文艺出版社，2002，第 546－547 页。

起源很早,应源于原始先民的自然崇拜中的山川崇拜。山川崇拜体现了原始先民对自然界的各种现象认识的一种原始态度,认为冥冥中有神主宰着世间的一切。在其对自然现象不能准确理解的情况下,特别是在恐惧的状态下,对日月山川、风雨雷电更是敬畏有加,于是对天地山川的祭祀也就应运而生了。从最开始的郊野之祭,逐渐发展到对名山大川的祭祀,而对名山大川的祭祀则以"泰山封禅"最具代表性。"按着当时人的思想,天地相隔并不太远可以相通。交通的道路就是靠着'上插云霄'的高山。"①原始先民认为万物有灵,一些神灵在高高的天上,高山是与天最为接近的物体,人们通过祭祀山川达到与神灵相通的目的。此外,人们也认为山上住着很多神灵,祭拜高山可以使神灵知道人们的诉求。在《山海经·大荒西经》中就有着一些神山的记载:"大荒之中……有灵山,巫咸、巫即、巫朌、巫彭、巫姑、巫真、巫礼、巫抵、巫谢、巫罗十巫,从此升降,百药爰在。"由此可知,人们对山川的崇拜历史悠久。帝王祭泰山之礼起源也很早,如古代先王的巡狩之礼,巡狩之礼中祭祀山川以泰山为最。《尚书·舜典》中就曾记载:"岁二月,东巡狩,至于岱宗,柴。望秩于山川,肆觐东后。"《礼记·王制》也云:"天子祭天地,诸侯祭社稷,大夫祭五祀。天子祭天下名山大川,五岳视三公,四渎视诸侯。诸侯祭祀名山大川之在其地者。"汉代帝王如此热衷封禅主要出于政治目的,在向天下宣布帝统合法的同时报答群神的庇护。《史记·封禅书》引据《五经通义》曰:"易姓而王,致太平,必封泰山,禅梁父,天命以为王,使理群生,告太平于天,报群神之功。"《白虎通义·封禅》云:"王者易姓而起,必升封泰山何? 报告之义也。始受命之日,改制应天,天下太平,功成封禅,以告太平也。所以必于泰山何? 万物之始,交代之处也。必于其上何? 因高告高,顺其类也。故升封者,增高也。下禅梁甫之基,广厚也。刻石纪号者,著己之功迹以自效也。……或曰封者,广也。言禅者,明以成功相传也。"封禅活动实质上是帝王向天下宣告自己地位的权威,是强调君权神授的手段。

古人认为泰山处于东方,是神灵所居之地,是万物的发源所在。中国古代帝王为加强自己的统治,不约而同地宣传"神权天授"的理论,为了使这种理论得以证明,他们便用封禅表明新主"受命于天",使泰山祭天的作用得以延续。封建统治者的这种行为让泰山在人们心中的神山地位进一步强化,随后成为每代帝王一生必须做的大事之一。正如《东观汉记·郊祀志》载太尉赵熹上言:"自古帝王,每世之隆,未尝不封禅……海内清平,功成治定,群司礼官城咸以为宜登封告成,为民报德,百王所同,当仁不让。宜登封岱宗,正三雍之礼,以明灵契,望秩群神,以承天心也。"

泰山祭祀也体现了祭祀的世俗化,汉代帝王祭祀泰山也是神仙观念的体现。汉代人认为泰山是魂灵的所在地,泰山祭祀可以使人长生不死。《孝经援神契》

---

① 徐旭生:《中国古史的传说时代》,文物出版社,1985,第 75 页。

云:“泰山天帝孙也,主招人魂。东方万物之始,故知人生命长短。”①《风俗通义·山泽》云:“五岳:东方泰山,诗云:‘泰山岩岩,鲁邦所瞻。’尊曰岱宗,岱者,长也,万物之始,阴阳交代,云触石而出,肤寸而合,不崇朝而遍雨天下,其惟泰山乎!故为五岳之长。”泰山是万物之源,可孕育生命。《博物志》亦云:“泰山一曰天孙。言为天帝之孙,主召人魂魄,东方万物始成,故知生命之长短者。”②汉代人认为,泰山不但是万物之始,同时掌管人的寿命。汉代帝王多相信鬼神、寻仙,希望长生不死。汉武帝多次封禅泰山,这与其追求长生有关。《史记·封禅书》记载,申公授予公孙卿以鼎书,其书曰:“汉兴复当黄帝之时……汉之圣者在高祖之孙且曾孙也。宝鼎出而与神通,封禅。封禅七十二王,唯黄帝得上泰山封。”申公曰:“汉主亦当上封,上封能仙登天矣。黄帝时万诸侯,而神灵之封居七千。”这进一步增强了汉武帝封禅寻仙长生的愿望,因此汉武帝多次巡狩和封禅泰山。

到了东汉时期,山川祭祀出现了淫祀的现象,《后汉书·方术传》载:“许峻自云:‘尝笃病三年不愈,乃谒太山请命。’”《盐铁论·散不足》云:“古者庶人鱼菽之祭,春秋修其祠。士一庙,大夫三,以时有事于五祀,盖无出门之祭。今富者祈名岳,望山川,椎牛击鼓,戏倡舞像。”由此可见当时人们长生愿望的强烈和对泰山信仰崇拜的弥笃。

四、社会思潮对祭祀的影响

汉代时期各种社会思潮兴盛,大一统、天人感应、阴阳五行、符瑞等思想的兴盛对汉代的祭祀也产生了重要的影响。

汉武帝时期接受和提倡儒家思想,“罢黜百家,独尊儒术”,实现政治上的大一统。思想上的统一对实现政治上的大一统也具有非常重要的作用。宗教信仰在人们的思想生活中占有重要的地位,实现宗教信仰的统一对实现政治的大一统非常重要,汉武帝因而规定了祭祀系统中的至尊神为“太一”,以实现神学的统一。《史记·封禅书》言:“天神贵者太一。”张新科在《文化视野中的汉代文学》一书中是这样认为的:“由郊祭五帝发展到郊祭太一,不只是祭祀对象的变化,更重要的是体现了汉人宗教观念的变化,是汉代大一统政治的形象展现。众神归一,说明天下一统。”③彭卫、杨振红在《中国风俗通史·秦汉卷》中对这一问题也进行了阐述:“随着楚势力的扩展,对太一的崇拜也随之向东方和南方沿海地区蔓延。汉王朝的建立者来自东楚,他们入主关中后,也将太一崇拜引入黄河中游地区。大一统的政治统制需要相应的神学说教,因此象征大一统的太一神顺理成章地被汉代统治者所接受。这个事件发生在中央集权得到空前加强的武帝时期有其必然,而以先秦楚

① [日]安居香山、[日]中村璋八辑:《纬书集成》,河北人民出版社,1994,第961页。

② 史仲文主编:《中国文言小说百部经典》,北京出版社,2004,第320页。

③ 张新科:《文化视野中的汉代文学》,中国社会科学出版社,2006,第207页。

人的上帝而不是用黄河流域五帝作为全国的上帝,同样有其必然。”①

同样,阴阳五行观念的盛行也影响到了汉代祭祀,如社祭和祭祀求雨中的五脏,每个季节用的内脏代表五行中的一种,祭服五种不同的颜色代表不同的季节,《淮南子·时则训》记载天子四时祭祀孟春、季春、孟夏、仲夏、孟秋、仲秋、季秋、孟冬、仲冬的祭祀情况,其中四时天子穿着不同颜色的衣服与其对应,这是阴阳五行思想的明显反映,如春衣青衣,孟夏、仲夏衣赤衣,季夏衣黄衣,秋衣白衣,冬衣黑衣。从先秦到汉代的五帝说也受到阴阳五行观念的影响,据《史记·封禅书》记载,高祖时,“东击项籍而还,问:‘故秦时上帝祠何帝也?’对曰:‘四帝,有白、青、黄、赤帝之祠。’高祖曰:‘吾闻天有五帝,而有四,何也?’莫知其说。于是高祖曰:‘吾知之矣,乃待我而具五也。’乃立黑帝祠,命曰北畤”。可见,汉代各种思潮的兴盛对汉代祭祀文化产生了重要的影响。

第三节　两汉祭祀的社会功能

随着历史的发展,阶级和国家制度的加强,祭祀发展到两汉时期不但没有减弱反而加强。两汉时期是宗教、谶纬、迷信猖獗,巫术、方士盛行的时期,祭祀活动频繁。《风俗通义·祀典》记述:“自高祖受命,郊祀祈望,世有所增,武帝尤敬鬼神,于时盛矣。至平帝时,天地六宗已下,及诸小神,凡千七百所。”汉代的各项祭祀活动,在上承古制的基础上,又有了很大的发展。汉代人认为祭祀已经是生活中平常而不可缺少的一件事情,正如《后汉书·祭祀》所记载:“祭祀之道,自生民以来则有之矣。豺獭知祭祀,而况人乎。”史籍所见两汉时期的祭祀活动不仅是时人精神生活的头等大事,而且也是社会生活的重要组成部分。《论衡·祀义》曰:“世信祭祀,以为祭祀者必有福,不祭祀者必有祸。是以病作卜祟,祟得修祀,祀毕意解,意解病已,执意以为祭祀之助,勉奉不绝。”②

关于祭祀的作用,《礼记·祭统》认为:“夫祭有十伦焉:见事鬼神之道焉,见君臣之义焉,见父子之伦焉,见贵贱之等焉,见亲疏之杀焉,见爵赏之施焉,见夫妇之别焉,见政事之均焉,见长幼之序焉,见上下之际焉。此之谓十伦。”祭祀是古代五礼之一,在人们的社会生活中占有非常重要的地位。发展到汉代,祭祀的社会功能主要包括以下几个方面:

一、维护国家的统一和稳定

“国之大事,在祀与戎。”祭祀在中国古代社会尤其是先秦时期占据着非常重

① 彭卫、杨振红:《中国风俗通史·秦汉卷》,上海文艺出版社,2002,第 546 – 547 页。
② (汉)王充著,张宗祥校注,郑绍昌标点:《论衡校注》,上海古籍出版社,2013,第 504 页。

要的地位。祭祀可以给人以精神上的慰藉，同时可以达到敬神、保民的目的。《礼记·祭统》曰："禘尝之义大矣，治国之本也……明其义者君也，能其事者臣也。不明其义，君人不全；不能其事，为臣不全。夫义者所以济志也，诸德之发也，是故其德盛者其志厚，其志厚者其义章，其义章者其祭也敬。祭敬则竟内之子孙莫敢不敬矣。"孔子曰："知禘之说者，治国其如示诸掌。"所谓"禘"，就是一种祭祀，又称殷祭，或祫祭。禘祫是帝王对祖先的一种祭祀。《礼记·祭统》曰："祭有四时：春祭曰礿，夏祭曰禘，秋祭曰尝，冬祭曰烝。"早在殷商时期，禘祭就已盛行。古人的宗族观念非常强烈，追念祭祀共同的祖先可以达到报本追远的目的，有助于人们抒发对祖先的怀念，同时增强同宗同族的凝聚力和团结心。禘祫之祭是对祖先和已故先人的祭祀，以表示国家太平盛治，可见祭祀为古代治国之本。

祖先崇拜也是对祖先祭祀的一个重要原因，张光直《中国远古时代仪式生活的若干资料》："祖先崇拜，固然如学者所说，以祈求本宗亲属的繁殖与福祉为目的，但其更重要的一项功能，是借仪式的手段，以增强与维持同一亲团的团结性，加重亲团成员对本亲团的来源与团结的信念。"①《诗经·生民》就是周人祭祀始祖后稷时所唱的颂歌。祭祀祖先可以强化宗族社会的群体意识，家族制度要靠祭祖仪式来维持。尤其在中国早期社会时期，生产力低下，氏族社会的团结是战胜一切困难的法宝，尤其是在发生氏族战争时。祭祀可以达到团结民众的目的，统治者可以利用同宗同族得到人们的支持，因此汉代时期尤其是东汉时期帝王非常重视对祖先的祭祀。

随着时间的推移，禘祭经历了自身的时代演变。发展到汉代时期，禘祭也引起了儒生们的争议。刘向云："王者诸侯所以三年一祫，五年一禘……禘者取已迁庙主合食大祖庙中。"②郑玄认为《鲁礼禘祫志》记载"鲁礼三年之丧毕，则祫于大祖，明年春禘于群庙"③"三年一祫，五年一禘"④，其说对东汉王室的宗庙祭祀影响很大，张纯据之以奏，遂为定制。

到汉代时期，单凭宗庙祖先祭祀已无法团结民众，需要思想和政治上的一统。汉武帝听从董仲舒的建议罢黜百家、独尊儒术，实行思想和学术的统一，汉代大一统的思想对维护汉帝王的统治起到了积极的作用，思想上的统一也体现在宗教神学的统一。汉武帝时期将"太一"封为至尊天神，春祭"太一"于东南郊。"太一"是众神中的统领，这是汉代维护王权的重要表现，在占有王权的同时掌握控制人们的

① 张光直：《中国考古学论文集》，三联书店，2013，第 131 页。

② （汉）刘向撰，（清）黄奭辑：《五经通义》，收入《黄氏逸书考》第 26 册，江苏广陵古籍刻印社，1984，第 5 页。

③ 马国翰辑：《玉函山房辑佚书》，中文出版社，1979，第 1099 页。

④ （汉）刘向撰，（清）黄奭辑：《五经通义》，收入《黄氏逸书考》第 26 册，江苏广陵古籍刻印社，1984，第 1102 页。

神权，实现精神领域的大一统，确立天子的权威地位。

二、实现社会伦理教化功能

祖先崇拜的产生晚于图腾崇拜、自然崇拜等。祖先崇拜祭祀产生的动因就是上古时期人们对祖先的尊敬和怀念，不忘其本。钱大昕《十驾斋养新录》："有神而后有郊社，有鬼而后有宗庙。天统乎地，故言神可以该祇。人死为鬼，圣人不忍忘其亲，事死如事生，故有宗庙之礼。"①

祭祀是古礼的根本，通过祭祀人们不但可以获得神灵的庇佑，还可以对人进行伦理道德教化。《礼记·祭统》云："凡治人之道，莫急于礼；礼有五经，莫重于祭。"祖先在人类的生活中占有非常重要的位置，敬祖报本是礼的根本。天地是生命的本源，祖先是民族的本源，帝王和师长是天下大治的根本。《荀子·礼论》云："礼有三本。天地者，生之本也；先祖者，类之本也，君师者，治之本也。无天地，恶生？无先祖，恶出？无君师，恶治？三者偏亡，焉无安人。故礼，上事天，下事地，尊先祖而隆君师，是礼之三本也。"祭祀可以使人返本敬祖。《礼记·祭义》云："圣人以是为未足也，筑为宫室，设为宗、祧，以别亲疏远迩，教民反古复始，不忘其所由生也。"《礼记·郊特牲》："万物本乎天，人本乎祖，此所以配上帝也。郊之祭也，大报本反始也。"因此，古人对祭祀非常重视。人们怀着十分虔敬的心，准备好丰盛的祭品，修缮宫室，沐浴更衣，配有音乐，希望和祖先有着心灵上的交流，希望祖先给予其更多的庇佑。"孝子将祭，虑事不可以不豫，比时，具物不可以不备，虚中以治之。宫室既修，墙屋既设，百官既备，夫妇齐戒沐浴，盛服，奉承而进之。洞洞乎！属属乎！如弗胜，如将失之，其孝敬之心至也与！荐其荐、俎，序其礼乐，备其百官，奉承而进之。于是谕其志意，以其恍惚以与神明交，庶或飨之。庶或飨之，孝子之志也。"（《礼记·祭义》）

《礼记·祭统》系统论述了祭祀的作用："夫祭有十伦焉：见事鬼神之道焉，见君臣之义焉，见父子之伦焉，见贵贱之等焉，见亲疏之杀焉，见爵赏之施焉，见夫妇之别焉，见政事之均焉 ，见长幼之序焉，见上下之际焉。"其认为祭祀是各种教化的根本。"祭者，教之本也。"十伦指的是祭祀的十种意义，十种效用，牵涉到社会各层面的关系，包括宗教、政治、人伦、家庭、婚姻体制，以及社会各层面的人际关系，这种祭祀教化的功能显于社会，祭祀教导对君王的忠诚，对父母长辈的孝敬，对友朋的信用，联系了社会的人际关系，也组成了国家的亲和力量。

通过祭祀活动，可以达到伦理教化的目的。祭祀也是衡量孝子的一个标准。孝子的祭祀，是用来完成对父母生前应尽而未尽的供养和孝道的。所谓孝，就是这种供养和孝道的积蓄。一个顺字贯穿于父母的生前和身后，这才叫作孝的积蓄。

---

① （清）钱大昕：《钱大昕全集·十驾斋养新录》，江苏古籍出版社，1998，第35页。

所以,孝子侍奉父母不外乎三件事:头一件是生前好好供养,第二件是身后依礼服丧,第三件是服丧期满要按时祭祀。在供养这件事上可以看出做儿子的是否孝顺,在服丧这件事上可以看出他是否哀伤,在祭祀这件事上可以看出他是否虔敬和按时。这三件事都做得很好,才配称作孝子。"祭者,所以追养继孝也。孝者畜也。顺于道,不逆于伦,是之谓畜。是故孝子之事亲也,有三道焉:生则养,没则丧,丧毕则祭。养则观其顺也,丧则观其哀也,祭则观其敬而时也。尽此三道者,孝子之行也。"(《礼记·祭统》)

汉代仍然重视祭祀的教化作用,如对祖先的祭祀,过时不祭是不道德的。董仲舒《春秋繁露·四祭》云:"古者岁四祭。四祭者,因四时之生孰,而祭其先祖父母也。故春曰祠,夏曰礿,秋曰尝,冬曰蒸。此言不失其时,以奉祭先祖也,过时不祭,则失为人之道也。"①

古人认为,祭祀是孝的根本,顺贯穿于始终,要顺天命,孝子要顺应一切事物的发展规律。忠诚地侍奉国君,孝顺地侍奉双亲,其忠其孝都来源于一个顺字。对上则顺着鬼神,对外则顺着君长,对内则顺着双亲,这样做了才叫作备。"夫祭之为物大矣,其兴物备矣。顺以备者也,其教之本与?是故,君子之教也,外则教之以尊其君长,内则教之以孝于其亲。是故明君在上,则诸臣服从;崇事宗庙、社稷,则子孙顺孝。尽其道,端其义,而教生焉。是故君子之事君也,必身行之。所不安于上,则不以使下;所恶于下,则不以事上。非诸人,行诸己,非教之道也。是故君子之教也,必由其本,顺之至也,祭其是与?故曰:'祭者,孝之本也已。'"(《礼记·祭统》)所以君子施行教化,在社会上就教育人们尊敬君长,在家庭里教育他们要孝顺双亲。所以圣明的君主在上,则大小臣工服从;尊敬地祭祀宗庙社稷,则子孙孝顺。竭尽祭祀之礼,端正祭祀之义,这就需要教化了。所以君子事奉君王,一定要身体力行。自己感到上面有什么地方做得不对,就不要再让下面这样去做;自己厌恶下面的某些做法,就不要再这样地应付上面。不让人家去做,而自己却明知故犯,这不是教育的方法。所以君子的施行教化,一定要从根本抓起,提纲挈领,这样的办法大概非祭祀莫属。所以说,祭祀是教化的根本。

古代人民对神灵非常崇敬,贵为一国之君的帝王也不例外,他要把四季出产的新鲜食物奉献给祖先,怀着虔诚的心祭祀神灵。"奉四时所受于天者而上之,为上祭,贵天赐,且尊宗庙也,孔子受君赐则以祭,况受天赐乎。一年之中,天赐四至,至则上之,此宗庙所以岁四祭也。故君子未尝不食新,新天赐至,必先荐之,乃敢食之,尊天、敬宗庙之心也。尊天,美义也;敬宗庙,大礼也。圣人之所谨也。不多而欲洁清,不贪数而欲恭敬。君子之祭也,躬亲之,致其中心之诚,尽敬洁之道,以接

① (清)苏舆:《春秋繁露义证》,中华书局,1992,第406页。

至尊，故鬼享之，享之如此，乃可谓之能祭。”①

三、提高重农意识

在以农业为主的中国古代社会，农业的丰歉直接影响到人们的生活和社稷的安危，历代帝王对农业生产都比较关心，汉代帝王也如此。

社稷是国家祭祀的重要神灵。社稷是社神和稷神的合称，社神就是人们常说的土地神，稷神就是五谷神。《孝经援神契》云：“社，土地之主，稷，五谷之主，俱土神，而所主之功异。所主既异，故其配亦异。”②汉高祖刘邦在建国之初就举行了社稷神祭祀，据《汉书·高帝纪》记载，汉二年“二月癸未，令民除秦社稷，立汉社稷”。《史记·封禅书》也记载了这一事情：“高祖十年春，有司请令县常以春二月及腊祠社稷以羊豕，民里社各自财以祠。”汉平帝时，王莽奏议：“帝王建立社稷，百王不易……王者莫不尊重亲祭，自为之主，礼如宗庙……圣汉兴，礼仪稍定，已有官社，未立官稷。”③于是在官社后立官稷，以夏禹配食官社，后稷配食官稷。东汉基本采用新朝制度。汉光武帝在洛阳建社稷，号称“太社稷”，在宗庙之右，每年的二月、八月、腊月祠祀，均以太牢祭。州郡县也立社，以羊豕供祭。

为了劝农耕桑，每年春天要举行籍田礼，劝人民及时从事农业生产不要延误农时，并企求农业丰收。汉代帝王耕籍田，往往和祭祀先农联系在一起。《汉旧仪补遗》曰：“春始东耕于籍田，官祠先农。先农即神农炎帝也。祠以一太牢。”④耕籍既是祭祀活动，又是一项劝农的政治活动。

与皇帝籍田礼相对应的就是皇后的桑蚕礼。汉代无论是籍田礼还是桑蚕礼，都表现了统治者对农业生产的重视。桓宽《盐铁论·授时篇》中，发表了对县官亲耕籍田的看法：“县官之于百姓，若慈父之于子也；忠焉能勿诲乎？爱之而勿劳乎？故春亲耕以劝农，赈贷以赡不足，通滀水，出轻系，使民务时也。”东汉荀悦则认为兴农桑是国家五政之一，十分重要，如《申鉴·政体篇》所言：“兴农桑以养其生，审好恶以正其俗，宣文教以章其化，立武备以秉其威，明赏罚以统其法，是谓五政。”

---

① （清）苏舆：《春秋繁露义证》，中华书局，1992，第441页。
② ［日］安居香山、［日］中村璋八辑：《纬书集成》，河北人民出版社，1994，第970页。
③ （汉）班固撰，（唐）颜师古注：《汉书》，中华书局，2007，第1269页。
④ （清）孙星衍等辑：《汉官六种》，中华书局，1990，第102页。

第四章　两汉民间祭祀研究

两汉时期祭祀活动兴盛，上至最高统治者，下及平民百姓，祭祀都是人们生活中的重要大事。人们相信鬼神的存在，这推动了祭祀的兴盛。张衡《论衡·祀义》曰："世信祭祀，以为祭祀者必有福，不祭祀者必有祸。是以病作卜祟，祟得修祀，祀毕意解，意解病已，执意以为祭祀之助，勉奉不绝。"人们认为祭祀是习以为常的事情，如《后汉书·祭祀》所言："祭祀之道，自生民以来则有之矣。豺獭知祭祀，而况人乎。"受楚人巫风的影响，统治者的信鬼神、好祭祀，使汉代巫风盛行。汉代的巫在官府和民间主管祭祀活动，是人神之间的沟通者，帮助人们达成祭祀求福的目的。桓宽在《盐铁论·散不足》中的记载反映了当时社会巫风盛行，祭祀活动兴旺的现实："古者庶人粝食藜藿，非乡饮酒，媵腊祭祀。无酒肉。""古者庶人鱼菽之祭，春秋修其祖祠。士一庙，大夫三，以时有事于五祀，盖无出门之祭。今富者祈名岳，望山川，椎牛击鼓，戏倡舞像。中者南居当路，水上云台，屠羊杀狗，鼓瑟吹笙。贫者鸡豕五芳，卫保散腊，倾盖社场。"巫风盛行使人们过分相信鬼神而不注重自己的德行修养。"古者德行求福，故祭祀而宽；仁义求吉，故卜筮而希。今世俗宽于行而求于鬼，怠于礼而笃于祭，嫚亲而贵势。至妄而信日，听訑言而幸得，出实物而享虚福。"于是导致了"世俗饰伪行诈，为民巫祝，以取厘谢，坚頟健舌，或以成业致富，故惮事之人，释本相学。是以街巷有巫，闾里有祝"①。由此可见汉代崇巫祭祀之风何等兴盛。

汉代民间祭祀的目的主要是求福，王充在《论衡·解除》篇中对时人祭祀的目的和原因进行了分析，认为人们祭祀是为了求福："国期有远近，人命有长短，如祭祀可以得福，解除可以去凶，则王者可竭天下之财，以兴延期之祀；富家翁妪，可求解除之福，以取逾世之寿。"祭祀有很强的功利性（即趋吉避凶），在汉代信仰的众多神灵中普通百姓更加关注与自己生产、生活关系密切的小神，如社神、灶神、门神、司命等，对他们的崇拜信奉构成了汉代民间神灵崇拜的主体。汉代民间信仰具有很强的实用性。汉代民间信仰神祇众多，功能不一，所有神灵与人们的日常生活密不可分。人们祭祀神灵的目的是祈求福佑，攘除灾祸。

---

① （汉）桓宽：《盐铁论》，收入《诸子集成》第 7 册，中华书局，1954，点校本，第 34 页。

第一节 祭 祖

应劭认为:“礼:天子祭天地、五岳、四渎,诸侯不过其望也,大夫五祀,士门户,庶人祖。”①在汉代民间众多的神灵信仰中,当首推祖先祭祀,祖先崇拜的产生晚于图腾崇拜、自然崇拜等。祖先崇拜祭祀产生的动因就是上古时期人们对祖先的尊敬和怀念,不忘其本。钱大昕《十驾斋养新录》:“有神而后有郊社,有鬼而后有宗庙。天统乎地,故言神可以该祇。人死为鬼,圣人不忍忘其亲,事死如事生,故有宗庙之礼。”②《礼记·祭统》云:“凡治人之道,莫急于礼;礼有五经,莫重于祭。”祖先在人类的生活中占有非常重要的位置,敬祖报本是礼的根本。古人认为天地是生命的本源,祖先是民族的本源,帝王和师长是天下大治的根本。《荀子·礼论》云:“礼有三本。天地者,生之本也;先祖者,类之本也;君师者,治之本也。无天地恶生?无先祖恶出?无君师恶治?三者偏亡焉无安人。故礼,上事天,下事地,尊先祖而隆君师,是礼之三本也。”祭祖可以使人返本敬祖。《礼记·祭义》云:“圣人以是为未足也,筑为宫室,设为宗、祧,以别亲疏远迩,教民反古复始,不忘其所由生也。”《礼记·郊特牲》云:“万物本乎天,人本乎祖,此所以配上帝也。郊之祭也,大报本反始也。”祭祀祖先也是古人孝的重要体现。《礼记·祭统》云:“祭者,所以追养继孝也。孝者畜也。顺于道,不逆于伦,是之谓畜。是故孝子之事亲也,有三道焉:生则养,没则丧,丧毕则祭。养则观其顺也,丧则观其哀也,祭则观其敬而时也。尽此三道者,孝子之行也。”汉代人仍然重视祭祀的教化作用,对祖先的祭祀若过时不祭认为是不道德的。董仲舒《春秋繁露·四祭》有云:“古者岁四祭。四祭者,因四时之生孰,而祭其先祖父母也。故春曰祠,夏曰礿,秋曰尝,冬曰蒸。此言不失其时,以奉祭先祖也,过时不祭,则失为人之道也。”③

在民间,汉代祖先崇拜较之先秦更加强化。在春秋之前,百姓对祖先的祭祀没有墓祭,只有寝祭。《礼记·王制》曰:“天子七庙:三昭三穆……庶人祭于寝。”《易·系辞》亦曰:“古之葬者,厚衣之以薪,葬之中野,不封不树。”墓葬没有封土,百姓祭祀祖先的活动是在“寝”中进行。先秦时期百姓多族葬,《周礼·春官·宗伯》曰:“令国民族葬,而掌其禁令。”郑玄注曰:“族葬,各从其亲。”“族葬方式的‘公墓’与‘邦墓’制在经过西周和春秋战国之后,一方面是公墓的变异形式——帝王陵墓得到空强的加强,另一方面是血缘关系更近的宗族,尤其是家庭和家庭墓葬方式得到完整的发展,成为后来中国墓葬文化的主流。汉代开始,以夫妻合葬形式的墓葬不断增加,成为家族或家庭墓葬的主要方式,不同核心家庭,往往在同一片墓

---

① (汉)应劭撰,王利器校注:《风俗通义校注》,中华书局,1981,第386页。

② (清)钱大昕:《钱大昕全集·十驾斋养新录》,江苏古籍出版社,1998,第35页。

③ (清)苏舆:《春秋繁露义证》,中华书局,1992,第406页。

地以夫妻形式组成家庭制墓地。”①汉代家庭墓葬开始盛行,家庭墓葬的盛行为墓祭提供了更多的便利。

《国语·周语》云:“言孝必及神。”对父母先人的祭祀是孝的一个重要的体现。孔子云:“生,事之以礼;死,葬之以礼,祭之以礼。”(《论语·先进》)对死人的孝,从本质意义上来说,就是重视死者的丧葬质量和之后的祭祀。

汉代人主张厚葬,他们仍然相信灵魂不灭,“事死如事生,事亡如事存”(《荀子·礼论篇》),因而厚葬盛行于各阶层。汉武帝的茂陵不仅建造恢宏,而且随葬品也极其丰厚。《汉书·贡禹传》载,陵中“多藏金钱财物,鸟兽鱼鳖牛马虎豹生禽,凡百九十物,尽瘗葬之”。

金缕玉衣是汉代厚葬的一个重要体现,大致出现在西汉文景时期。据《西京杂志》记载,汉代帝王下葬都用“珠襦玉匣”,形如铠甲,用金丝连接。这种玉匣就是人们常说的金缕玉衣。当时人们十分迷信玉能够保持尸骨不朽,更把玉当作一种高贵的礼器和身份的象征。河北省满城出土的西汉中山靖王刘胜及其妻窦绾的两件玉衣,刘胜的玉衣共用玉片2498片,金丝重1100克,窦绾的玉衣共用玉片2160片,金丝重700克,其制作所费的人力和物力是十分惊人的。汉代统治者的带头,在一些地方形成了“列侯贵人车服僭上,众庶仿效,羞不相及,婚嫁尤崇侈靡,送死过度”②的厚葬之风。桓宽《盐铁论·散不足》从丧葬的形式和观念,对古代的薄葬和汉代厚葬的风气也进行了对比:“古者,瓦棺容尸,木板堲周,足以收形骸,藏发齿而已。及其后,桐棺不衣,采椁不斫。今富者绣墙题凑,中者梓棺楩椁,贫者画荒衣袍,缯囊缇橐。……古者,不封不树,反虞祭于寝,无坛宇之居,庙堂之位。及其后,则封之,庶人之坟半仞,其高可隐。今富者积土成山,列树成林,台榭连阁,集观增楼。中者祠堂屏阁,垣阙罘罳。……古者,事生尽爱,送死尽哀。故圣人为制节,非虚加之。今生不能致其爱敬,死以奢侈相高;虽无哀戚之心,而厚葬重币者,则称以为孝,显名立于世,光荣着于俗。故黎民相慕效,至于发屋卖业。”厚葬大肆铺张浪费,对汉代的民风、民俗产生了坏的影响,同时也使人民的生活受到了一定程度的影响。上层统治者的厚葬风气下层百姓争相“慕效,寝以成俗”,不少人甚至为此倾家荡产。如《后汉书·崔骃传》曰:“初,寔父卒,剽卖田宅,起冢茔,立碑颂。葬讫,资产竭尽,因穷困,以酤酿贩鬻为业。”

这样的社会风气不利于社会的发展,因此出现了很多反对的声音,如汉明帝于永平十二年面对当时的奢靡之风曾下诏禁止厚葬:“昔曾、闵奉亲,竭欢致养;仲尼葬子,有棺无椁。丧贵致哀,礼存宁俭。今百姓送终之制,竞为奢靡。生者无担石之储,而财力尽于坟土。伏腊无糟糠,而牲牢兼于一奠。糜破积世之业,以供终朝

---

① 陈文华:《中国社会民俗史丛书·丧葬史》,上海文艺出版社,1999,第126页。

② (汉)班固撰,(唐)颜师古注:《汉书》,中华书局,2007,第1643页。

之费,子孙饥寒,绝命于此,岂祖考之意哉!又车服制度,恣极耳目。田荒不耕,游食者众。有司其申明科禁,宜于今者,宣下郡国。”①一些人也因为丧葬过度的奢侈而受到处罚:“景帝时,武原侯卫不害坐葬过律夺其国。明帝时,桑民摐阳侯坐冢过制髡刑。今天下浮奢离本,僭奢过上,亦已甚矣。”②

汉代厚葬之俗的形成,是由于人们相信鬼神的存在,才会事死如事生,造成了严重的浪费。王充在《论衡·薄葬》中曾进行过分析:“世尚厚葬,有奢泰之失者……以为人死辄为神鬼而有知,能形而害人……又见病且终者,墓中死人,来与相见,故遂信是,谓死如生。闵死独葬,魂孤无副,丘墓闭藏,谷物乏匮,故作偶人,以侍尸柩,多藏食物,以歆精魂。积浸流至,或破家尽业以充死棺,杀人以殉葬,以快生意。非知其内无益,而奢侈之心,外相慕也。以为死人有知,与生人无以异。”王充不相信鬼神的存在,主张薄葬:“人死血脉竭,竭而精气灭,灭而形体朽,朽而成灰土,何用为鬼?”③既然人死后无魂无鬼,那么儒家提倡的厚葬就是巨大的浪费。

王符在《潜夫论·浮侈篇》中对当时的厚葬之风进行了概述:“今京师贵戚,郡县豪家,生不极养,死乃崇丧。或至刻金镂玉,檽梓楩柟,良田造茔,黄壤致藏,多埋珍宝偶人车马,造起大冢,广种松柏,庐舍祠堂,崇侈上僭。宠臣贵戚,州郡世家,每有丧葬,都官属县,各当遣吏赍奉,车马帷帐,贷假待客之具,竞为华观。”④他认为这种厚葬的风气使死者不得安宁,也不能显示晚辈的孝顺,只能是劳民伤财。

祖先信仰的普遍心态,以及对鬼神观念的深信不疑导致了汉代“世俗轻愚信祸福者,畏死不惧义,重死不顾生,竭财以事神,空家以送终”⑤的厚葬之风。

除了厚葬之外,汉代人对死者的祭祀也十分的频繁。

崔寔在《四民月令》中介绍了汉代频繁的祭祖活动:

“正月之旦,是谓正日。躬率妻孥,洁祀祖祢。前期三日,家长及执事,皆致斋焉。及祀日,进酒降神毕,乃家室尊卑,无小无大,以次列坐先祖之前,子、妇、孙、曾,各上椒酒于其家长,称觞举寿,欣欣如也。百卉萌动,蛰虫启户,乃以上丁,祀祖于门,及祖祢,道阳出滞,祈福祥焉。”⑥

“二月。祠太社之日,荐韭、卵于祖祢。前期斋、馔、扫涤,如正祀焉。其夕又案冢薄馔祠具。厥明于冢上荐之。其非冢祀良日,若有君命他急,筮择冢祀日。”⑦

---

① (宋)范晔撰,(唐)李贤等注:《后汉书》,中华书局,2014,第115页。
② (汉)王符著,(清)继培笺,彭铎校正:《潜夫论笺校正》,中华书局,1997,第140页。
③ (汉)王充著,张宗祥校注,郑绍昌标点:《论衡校注》,上海古籍出版社,2013,第414页。
④ (汉)王符著,(清)继培笺,彭铎校正:《潜夫论笺校正》,中华书局,1997,第137页。
⑤ (汉)王充著,张宗祥校注,郑绍昌标点:《论衡校注》,上海古籍出版社,2013,第460页。
⑥ (汉)崔寔著,石声汉校注:《四民月令校注》,中华书局,1956,第1页。
⑦ 同上书,第19页。

“夏至之日，荐麦、鱼于祖祢。厥明祠冢。前期一日，馔具、斋、扫涤，如荐韭、卵。”①

“六月。初伏，荐麦瓜于祖祢。斋、馔、扫涤，如荐麦、鱼。”②

“八月……以祠太社；祠日，荐黍、豚于祖祢。厥明祀冢，如荐麦、鱼。”③

“十一月，冬至之日，荐黍、羔，先荐玄冥于井，以及祖祢。斋、馔、扫涤，如荐黍、豚。”④

“十二月。腊日，荐稻、雁。前期五日杀猪，三日杀羊。前除二日，斋、馔、扫涤，遂腊先祖、五祀。其明日，是谓小新岁，进酒降神；其明日，又祀，是谓蒸祭。后三日，祀冢。”⑤

“是月也，群神频行，大蜡礼兴；乃冢祀君、师、九族、友朋，以崇慎终不背之义。”⑥

汉代人迷信鬼神思想，信鬼好祀，导致了厚葬之风的盛行和祭祖活动的频繁。

第二节 汉代民间其他祭祀信仰

古人信仰的神灵众多，汉代信仰神灵大致可分为天神、地祇、人鬼三类。汉代民间与上层统治者信奉的神灵对象略有不同，汉代民间的祭祀信仰对象更趋于实用性和有效性。

一、社神

对社神的祭祀源于古老的土地崇拜，《孝经援神契》云：“社，土地之主，稷，五谷之主，俱土神，而所主之功异。所主既异，故其配亦异。”⑦

依据先秦典籍如《左传》《国语》等的记载，社神为共工的儿子勾龙，而稷神是神农氏的儿子柱。《左传·昭公二十九年》云：“共工氏有子，曰勾龙，为后土，……后土为社。稷，田正也。有烈山氏之子曰柱，为稷，自夏以上祀之。”《国语·鲁语》也云：“昔烈山氏之有天下也，其子曰柱，能殖百谷百蔬。夏之兴也，周弃继之，故祀以为稷。共工氏之伯九有也。其子曰后土，能平九土，故祀以为社。”应劭《风俗通义·祀典》认为勾龙只是作为社神被祭祀而非地祇：“《孝经》：‘社者，土地之主，土

---

① (汉)崔寔著，石声汉校注：《四民月令校注》，中华书局，1965，第41页。

② 同上书，第49页

③ 同上书，第60页。

④ 同上书，第71页。

⑤ 同上书，第74页。

⑥ 同上书，第76页。

⑦ [日]安居香山、[日]中村璋八辑：《纬书集成》，河北人民出版社，1994，第970页。

地广博，不可偏敬，故封土以为社而祀之，报功也。'《周礼》说：'二十五家置一社。'但为田祖报求。《诗》云：'乃立冢土。'又曰：'以御田祖，以祈甘雨。'谨按：《春秋左氏传》曰：'共工氏有子曰勾龙佐颛顼，能平九土，为后土，故封为上公，祀以为社，非地祇。'"

祭祀社稷是先秦国家祭祀中最为重要的祭祀。社稷与国家祖先神具有同等重要的地位，"右社稷，左宗庙"（《周礼·春官·宗伯》），国家每有大事，必须祭社稷以祈求福佑，而且是"以血祭祭社稷"。祭祀所用的牲为太牢，"天子社稷皆大牢，诸侯社稷皆少牢"①。《周礼·地官·大司徒》还记载了祭祀社稷的具体事宜："设其社稷之壝而树之田主。各以其野之所宜木，遂以名其社与其野。"并认为社的神格意蕴是："社所以神地之道也。地载万物，天垂象。取财于地，取法于天，是以尊天而亲地也，故教民美报焉。家主中霤而国主社，示本也……所以报本反始也。"（《礼记·郊特牲》）

汉代最早开始祭祀社稷的是汉高祖刘邦。据《汉书·高帝纪》记载，汉二年"二月癸未，令民除秦社稷，立汉社稷"。《史记·封禅书》也记载了这一事件："高祖十年春，有司请令县常以春二月及腊祠社稷以羊豕，民里社各自财以祠。"平帝时，王莽奏议："帝王建立社稷，百王不易……王者莫不尊重亲祭，自为之主，礼如宗庙……圣汉兴，礼仪稍定，已有官社，未立官稷，"②于是在官社后立官稷，以夏禹配食官社，后稷配食官稷。东汉基本采用新朝制度。汉光武帝在洛阳建社稷，号称"太社稷"，在宗庙之右，每年的二月、八月、腊月祠祀，均以太牢祭。州郡县也立社，以羊豕供祭。

汉代中央、郡国、县、乡、里各级行政机构都立有社。乡以上的社由政府设置，官府致祭。里社则由居民自己组织祭祀，以里名为社名，称某某里社，里的全体居民不论贫富都参加。"高祖初起，祷丰枌榆社。"③枌榆社即汉高祖的里社。每年春二月、秋八月上旬的戊日举行社祭，祭后在社下宴饮行乐，费用由全里居民分摊，有时也采取捐献的办法。除去集体的祭祀外，个人也常向社神祈福、立誓、禳病。领导社事的是里正、父老，里、社在组织上是合一的，社的活动即为里的职司的一部分，并得到封建国家的认可与支持。社祭时的具体执事者称社宰、社祝、祭尊，是宗教巫术者的称谓。

汉代乡村，除乡里之社外，民间五家、十家还自立为社，是为私社。据《汉书·五行志》记载："（元帝）建昭五年，兖州刺史浩赏禁民私所自立社。山阳橐茅乡社有大槐树，吏伐断之，其夜树复立其故处。"颜师古注引张晏曰："民间三月九月又

① （清）孙希旦撰，沈啸寰、王星贤点校：《礼记集解》，中华书局，1989，第352页。

② （汉）班固撰，（唐）颜师古注：《汉书》，中华书局，2007，第1269页。

③ （汉）司马迁撰，（宋）裴骃集解，（唐）司马贞索引，（唐）张守节正义：《史记》，中华书局，2005，第1378页。

社，号曰私社。”臣瓒曰：“旧制二十五家为一社，而民或十家五家共为田社，是私社。”[①]《汉书补注》引叶德辉言：“《礼·祭法》：太社、皇社、国社、侯社、置社，皆王侯大夫自立及为百姓立者，此官社也。民私立者，谓之私社。”[②]

民间的社祭祭品自主决定。“高祖十年春，有司清令县常以春二月及腊祠稷以羊、彘，民里社各自裁以祠。制曰：‘可。’”[③]

汉代的社祭主要沿袭先秦的春祈、秋报的功能。春天祭祀社神祈求丰收，秋天丰收报答社神。汉代的统治者为了农业的丰收，也要祭祀社神。祭祀社稷是汉代比较重要的一项活动，国家祭祀中祭品是太牢三牲。《白虎通义·社稷》云：“祭社稷以三牲何？重功故也。”“王者所以有社稷何？为天下求福报功。人非土不立，非谷不食，土地广博，不可徧敬也。五谷众多，不可一一祭也。故封土立社，示有土也。稷，五谷之长，故立稷而祭之也。”祭社感谢万物的给养之功。“社报万物，稷报五谷。”[④]土地承载万物，是五谷得以生长的根基，土地的衣食给养之功是不可替代的，王莽认为：“帝王建立社稷，百王不易。社者，土也。宗庙，王者所居。稷者，百谷之主，所以奉宗庙，共粢盛，人所食以生活也。王者莫不尊重亲祭，自为之主，礼如宗庙。”[⑤]农业丰收对一个国家来说非常重要，汉代时期人们对土地神的崇拜依然强烈。

在民间，春秋祭祀社神，求得农业的丰收，《淮南子·时则训》载春天要祭祀社神：“仲春之月，招摇指卯，昏弧中，旦建星中。其位东方……择元日，令民社。”《白虎通·社稷》曰：“岁再祭之何？春求秋报之义也。故《月令》仲春之月，‘择元日，命民社’。仲秋之月，‘择元日，命民社’。《援神契》曰：‘仲春祈谷，仲秋获禾，报社祭稷。’”

除了春秋祭社神外，在有农业灾害的时候也要举行祭祀，如干旱求雨。董仲舒《春秋繁露·求雨》介绍了四时求雨：“春旱求雨。令县邑以水日祷社稷山川，家人祀户……其神共工，祭之以生鱼八，玄酒，具清酒……祝斋三日，服苍衣。”舞苍龙，祭祀用蛙。“夏求雨，令县邑以水日，家人祀灶……其神蚩尤，祭之以赤雄鸡七，玄酒，具清酒、膊脯，祝斋三日，服赤衣。……季夏祷山陵以助之……其神后稷……服黄衣而舞之……亦通社中于闾外之沟。”“秋暴巫尪至九日……其神少昊，祭之以桐木鱼九，玄酒，具清酒、膊脯。衣白衣……”“冬舞龙六日，祷于名山以助之。家人祠井……其神玄冥，祭之以黑狗子六，玄酒，具清酒、膊脯。祝斋三日，衣黑衣，祝礼如春。”在《后汉书·礼仪》中也有干旱祭社求雨的相关记载：

① （汉）班固撰，（唐）颜师古注：《汉书》，中华书局，2007，第 1413 页。
② 王先谦：《汉书补注》，中华书局，1983，第 622 页。
③ （汉）班固撰，（唐）颜师古注：《汉书》，中华书局，2007，第 1212 页。
④ （汉）王充著，张宗祥校注，郑绍昌标点：《论衡校注》，上海古籍出版社，2013，第 510 页
⑤ （汉）班固撰，（唐）颜师古注：《汉书》，中华书局，2007，第 1269 页。

"自立春至立夏尽立秋,郡国上雨泽。若少,郡县各扫除社稷;其旱也,公卿官长以次行雩礼求雨。闭诸阳,衣皂,兴土龙,立土人舞僮二佾,七日一变如故事。反拘朱索萦社,伐朱鼓。祷赛以少牢如礼。"

《春秋繁露·止雨》篇云:"各衣时衣,具豚一,黍盐美酒财足,祭社。击鼓三日,而祝。"汉代人认为干旱和淫雨都是阴阳失调的表现,干旱是阳灭阴,淫雨太多是阴灭阳,一般要祭祀社神,认为社是土地神,是阴的代表,发生洪涝时要以鼓攻社,促使阳气战胜阴气,达到阴阳和谐。如王充《论衡·顺鼓》所述:"《春秋》之义,大水,鼓用牲于社。说者曰:'鼓者,攻之也。'或曰:'胁之。'胁则攻矣。〔阳〕胜,攻社以救之。"《春秋繁露·止雨》篇中所载的祝词云:"嗟!天生五谷以养人,今淫雨太多,五谷不和。敬进肥牲以请社灵,幸为止雨,除民所苦,无使阴灭阳。阴灭阳,不顺于天。天之常意,在于利人,人愿止雨,敢告于社。"

在汉代民间社神是一个全能的神,民间的一些日常事务也向社神祈求,如祈求康复。《太平御览·礼仪部》卷五百三十二引应璩《与阴夏书》曰:"(应璩)从田来,见南野中,有徒步之士。怪而问之,乃知郎君,顷有微疴,告祠社神,将以祈福。"

社神可以为民医治疾病。"遂能医疗众病,鞭笞百鬼,及驱使社公。"①

社神还对人民有监督的职能,如在社神面前发誓,社神负责监督、惩罚违约者。《太平御览·礼仪部》卷五百三十二引《述异记》曰:"庾邈与女子郭凝通,诣社约不二心,俱不婚聘。经二年,凝忽暴亡,邈出见,凝云:'前北村还遇强梁,抽刀见逼,惧死从之,不能守节,为社神所责,心痛而绝。'"

社神还有保佑子孙兴旺、仕途通达的作用,东汉时期汝南应枢"生四子而尽。见神光照社。枢见光,以问卜人。卜人曰:'此天祥也。子孙其兴乎?'乃探得黄金。自是子孙宦学,并有才名"。②

汉代民间为有功德的人立社,《汉书·栾布传》载:"(栾布)以功封为鄃侯,复为燕相,齐燕之间皆为立社,号曰栾公社。"《后汉书·宋登传》中说,宋登"为汝阴令,政为明能,号称神父",死后"汝阴人配社祠之"。《后汉书·孔融传》载孔融为北海相,"郡人甄子然、临孝存知名早卒,融恨不及之,乃命配食县社"。

在汉代民间祭社与先秦相比多了一些娱乐性,刘安《淮南子·精神训》曰:"今夫穷鄙之社也,叩盆拊瓴,相和而歌,自以为乐矣。"③桓宽《盐铁论·散不足》亦云:"今富者祈名岳,望山川,椎牛击鼓……中者南居当路,水上云台,屠羊杀狗,鼓瑟吹笙。贫者鸡豕五芳,卫保散腊,倾盖社场。"社祭的活动非常频繁,人们敲盆击瓶而奏乐,相和而歌,饮酒助兴。《焦氏易林》言:"频逢社饮,失利后福。不如子

① (宋)范晔撰,(唐)李贤等注:《后汉书》,中华书局,2014,第2744页。
② 干宝:《搜神记》,中华书局,1979,第9页。
③ 刘康德撰:《淮南子直解》,复旦大学出版社,2001,第325页。

息，旧居故处。申请必与，乃无大悔。”①

在汉代民间，社神是人们广泛祭祀的神灵，社神在汉代有着多种神职，社神与汉代人民的生产生活密切相关。

二、灶神

灶神也是汉代民间普遍祭祀的神灵。《礼记·祭法》云：“王为群姓立七祀：曰司命，曰中霤，曰国门，曰国行，曰公厉，曰户，曰灶；王自为立七祀。诸侯为国立五祀：曰司命，曰中霤，曰国门，曰国行，曰公厉；诸侯自为立五祀。大夫立三祀：曰族厉，曰门，曰行。适士立二祀：曰门，曰行。庶士、庶人立一祀：或立户，或立灶。”郑玄注曰：“此非大神所祈报大事者也。小神居人之间，司察小过，作谴告者尔。”灶神等级低但却是人们普遍祭祀的对象。

灶神，顾名思义，主要是掌管饮食的神。《白虎通义·五祀》曰：“五祀者，何谓也？谓门、户、井、灶、中霤也。所以祭何？人之所处出入，所饮食，故为神而祭之。何以知五祀谓门、户、井、灶、中霤也？”王充《论衡·祭意》亦云：“门、户，人所出入，井、灶，人所欲食，中霤人所托处，五者功钧，故俱祀之。”

祭灶的风俗由来甚久，灶君在夏朝就已经成了民间尊崇的一位大神。记述春秋时孔丘言行的《论语》中，就有“与其媚奥奥，宁媚与灶”的话。灶神到底为何方神圣？《庄子·达生》曰：“灶有髻。”俨然灶神是位女性的形象。晋代司马彪注称：“灶神，著赤衣，状如美女。”另有《风俗通义·灶神》曰：“臧文仲安知礼？燔柴于灶，灶者，老妇之祭也，故盛于盆，尊于瓶。”《礼记·礼器》中说：“孔子曰臧文仲安知礼！夏父弗綦逆祀而弗止也，燔柴于奥。夫奥者，老妇之祭也。盛于盆，尊于瓶。郑玄注：奥，或作灶……老妇，先炊者也。”汉代时更多的人认为灶神非老妇的形象，应邵认为：“谨按《明堂月令》孟冬之月，夕其祀灶也。五祀之神，王者所祭古之神圣有功德于民，非老妇也”②。许慎云：“《月令》孟夏祀灶。王者所祭古之有功德于人，非老妇人也。”③应劭《风俗通义》载：“颛顼氏有子曰黎，为祝融，祀以为灶神。”④《礼记·月令》也把炎帝、祝融说成是祭灶的主神。《淮南子·汜论训》则说：“黄帝作灶，死为灶神。”

无论灶神为何形象，但祭灶源于对火的原始自然崇拜是无疑的。《论衡·祭意》曰：“五祀报门户井灶中霤之功：门户人所出入，井灶人所饮食，中霤人所托处。五者功钧，故俱祀之。……传或曰：‘炎帝作火，死而为灶。禹劳力天下，水死而为

① （汉）焦延寿：《焦氏易林》（丛书集成初编），中华书局，1985，第142页。
② （汉）应劭撰，王利器校注：《风俗通义校注》，中华书局，1981，第361页。
③ （唐）杜佑撰：《通典》，中华书局，1988，第1418页。
④ （汉）应劭撰，王利器校注：《风俗通义校注》，中华书局，1981，第360页。

社。'"《史记·补三皇本纪》曰:"炎帝神农氏……于是作腊祭。"《淮南子·氾论训》曰:"炎帝于火,死而为灶。"高诱注曰:"炎帝,神农,以火德王天下。死,托祀于灶神。"高诱在注《淮南子·时则训》:"祝融吴回为高辛氏火正,死为火神,托祀于灶。"汉代以后灶神逐渐演变为男神的形象,如黄帝、炎帝、祝融等。到了唐宋时期,民间关于灶神的传说越来越多。

灶神在汉代的神职包括的范围很广。

灶神对人的罪过进行谴责。东汉郑玄注《礼记·祭法》:"灶神居人间,司察小过,作谴告也。"《太平御览》卷186引《淮南万毕术》:"灶神晦日归天,白人罪。"

灶神可以帮助帝王长生不老。汉武帝祭灶炼丹想达到长生的目的。"少君言于上曰:'祠灶则致物,致物而丹沙可化为黄金,黄金成以为饮食器则益寿,益寿而海中蓬莱仙者可见,见之以封禅则不死,黄帝是也。臣尝游海上,见安期生,食臣枣,大如瓜。安期生仙者,通蓬莱中,合则见人,不合则隐。'于是天子始亲祠灶,而遣方士入海求蓬莱安期生之属,而事化丹沙诸药齐为黄金矣。"①

灶还会有预兆的作用。"南女亦晓家术,为由拳县人妻。晨诣爨室,卒有暴风,妇便上堂从姑求归,辞其二亲。姑不许,乃跪而泣曰:'家世传术,疾风卒起,先吹灶突及井,此祸为妇女主爨者,妾将亡之应。'因著其亡日。乃听还家,如期病卒。"②

祭灶神还会给人带来福禄。《后汉书·阴识列传》记载了阴识祭灶给其家族带来的福禄:"宣帝时,阴子方者,至孝有仁恩。腊日晨炊而灶神形见,子方再拜受庆。家有黄羊,因以祀之。自是已后,暴至巨富,田有七百余顷,舆马仆隶,比于邦君。子方常言:'我子孙必将强大。'至识三世而遂繁昌,故后常以腊日祀灶,而荐黄羊焉。"阴方子在腊月初八做早饭时看到了灶神,于是杀了一条黄狗祭拜灶神(祭祀用的黄狗叫"黄羊")此后,阴方子世代受到灶神的荫护,生活幸福,因而人们争相效仿,祭灶之习逐渐形成。

祭灶是对火的崇拜,表达对其给予食物的感谢。"夏祭灶,灶者,火之主人,人所以自养也。夏亦火王,长养万物。"③东汉蔡邕《独断》也曰:"夏为太阳,其气长养,祀之于灶。"④夏季阳气旺盛,祭灶即是为了长养阳气,以辟克阴气,可见祭灶渊源于对火的原始自然崇拜是无疑的。

关于灶祭的时间,最初并不固定。《礼记·月令》曰:"孟夏之月……其祀灶。"古人认为夏天祭灶火对人的给养之功。蔡邕《独断》曰:"灶:夏为太阳,其气长养。祀灶之礼在庙门外之东,先席于门奥面东,设主于灶陉也。"

---

① (汉)司马迁,(宋)裴骃集解,(唐)司马贞索引,(唐)张守节正义:《史记》,中华书局,2005,第455页。

② (宋)范晔撰,(唐)李贤等注:《后汉书》,中华书局,2014,第2717页。

③ (清)陈立撰,吴则虞点校:《白虎通疏证》,中华书局,2007,第79-80页。

④ (汉)蔡邕:《独断》,中华书局,1985,第10页。

汉代人基本上沿袭了这种观念。“立夏之日，夜漏未尽五刻，京都百官皆衣赤，至季夏衣黄，郊。其礼：祠特，祭灶。”①立夏着赤衣，显然受了阴阳五行观念的影响，表明对火的崇拜。《淮南子·时则训》曰：“孟夏之月，招摇指巳，昏翼中，旦婺女中，其位南方，其日丙丁，盛德在火……其祀灶，祭先肺……仲夏之月……其祀灶，祭先肺。”《白虎通义·五祀》曰：“祭五祀所以岁一遍何？顺五行也。故春即祭户。户者，人所出入，亦春万物始触户而出也。夏祭灶，灶者，火之主人，人所以自养也。夏亦火王，长养万物。”在汉代的官方祭灶要用肺，依据阴阳五行的观念，肺属于金，金克于火，所以祭灶要用肺。后汉李尤《灶铭》曰：“燧人造火，灶能以兴。五行接备，阴阳相乘。”②祭灶也用鸡。“祭五祀，天子、诸侯以牛，卿大夫以羊，因四时祭牲也。一说：户以羊。灶以鸡。中霤以豚。门以犬。井以豕。或曰：中霤用牛，不得用牛者用豚。井以鱼。”③《礼记·祭法》郑注：“此非大神所祈报大事者也，小神居人之间司察小过作谴告者尔……灶主饮食之事，《明堂月令》春曰其祀户，祭先脾，夏曰其祀灶，祭先肺……今时民家或春秋祠司命，行神、山神、门、灶在旁。”④

在汉代除夏祭灶外，在腊祭百神中也要祭灶，桓谭《新论》曰：“九江太守庞真，案县令高真曾受社祭鳌，有生牛肉二十斤，劾以主守盗，上请逮捕。诏鳌不赃天下，缘是诸府县社腊祠祭灶，不但进熟食，皆复多肉、米、酒脯腊，诸奇珍益盛，是故诸郡府至杀牛数十头。”⑤《后汉书·阴识列传》记载阴识在腊日祭灶：“阴子方者，至孝有仁恩。腊日晨炊而灶神形见，子方再拜受庆。家有黄羊，因以祀之。……至识三世而遂繁昌，故后常以腊日祀灶，而荐黄羊焉。”

汉以后才确定下来腊日祭灶的习俗，民间腊日祭灶的习俗延续不断，对古代中国民众生活产生了重要的影响，有关灶神的神话传说在古代社会也盛传不衰。

三、司命

在汉代，司命虽为国家祭祀系统中的小神，但其神小权大，能主宰人的生死，因而在人们心中的地位很高。不仅被纳入国家祀典，而且得到了民间百姓的普遍信奉。司命的形象文献记载不详，只有纬书《春秋佐助期》有云：“司命神名为灭党，长八尺，小鼻望羊，多髭，癯瘦，通于命运期度。”⑥

（一）司命的神格

《礼记·祭法》曰：“王为群姓立七祀：曰司命，曰中霤，曰国门，曰国行，曰公

① （宋）范晔撰，（唐）李贤等注：《后汉书》，中华书局，2014，第3117页。

② （清）严可均辑，许振生审订：《全后汉文》，商务印书馆，1999，第512页。

③ （清）陈立撰，吴则虞点校：《白虎通疏证》，中华书局，2007，第81页。

④ （清）孙希旦撰，沈啸寰、王星贤点校：《礼记集解》，中华书局，1989，第1203页。

⑤ （汉）桓谭：《新论》，上海人民出版社，1977，第25页。

⑥ ［日］安居香山、［日］中村璋八辑：《纬书集成》，河北人民出版社，1994，第820页。

厉，曰户，曰灶；王自为立七祀。诸侯为国立五祀：曰司命，曰中霤，曰国门，曰国行，曰公厉。”先秦时期人们认为司命是天神，以槱燎祀司命。《周礼·春官·大宗伯》曰：“以禋祀祀昊天上帝，以实柴祀日月星辰，以槱燎祀司中、司命、风师、雨师。”应劭《风俗通义·祀典》曰：“谨按：《诗》云：‘芃芃棫朴，薪之槱之。’”槱燎多用于封禅祭天，把牺牲放置在柴堆上烧烤，扬其光炎上达于天，用来祀天神。可见，在先秦时期司命是天神。汉代人认为，司命神是文昌宫第四星，主督察人命。《史记·天官书》曰：“斗魁戴匡六星，曰文昌宫，一曰上将，二曰次将，三曰贵相，四曰司命，五曰司中，六曰司禄。”《索引》曰：“司命主老幼。”可见司命是早期的星宿掌管生死的神灵。

（二）司命的神职

郑玄注《周礼》引《仪礼·士丧礼》：“疾病祷于五祀。司命与厉，其时不著，今时民家，或春秋祀司命神，行神，山神，门、户、灶在其旁，是必春祠司命，秋祀厉也。或者合而祠之。”可见在周时司命为七祀、五祀之首的地位已经降低，已经是民间的小神。

《礼记·祭法》中有“司命主督察三命”这样的内容。汉郑玄注：“司命主督察三命。”孔颖达疏：“案《援神契》云：‘命有三科：有受命以保庆，有遭命以谪暴，有随命以督行。’受命谓年寿也，遭命谓行善而遇凶也，随命谓随其善恶而报之。”王充《论衡·命义》云：“说命有三：一曰正命，二曰随命，三曰遭命。正命，谓本禀之自得吉也。性然骨善，故不假操行以求福而吉自至，故曰正命。随命者，戮力操行而吉福至，纵情施欲而凶祸到，故曰随命。遭命者，行善得恶，非所冀望，逢遭于外，而得凶祸，故曰遭命。”人的命有好有坏，生来命好的谓之正命，后天通过努力而求得的是随命，而虽然行善却遭遇凶祸不可寿终正寝的是遭命。由此可见司命掌管人的寿命。

司命掌管人的生死。《管子·法法》曰：“凡人君之德行威严，非独能尽贤于人也。曰人君也，故从而贵之，不敢论其德行之高卑有故。为其杀生急于司命也，富人贫人使相畜也，良人贱人使人相臣也。”①《韩非子·喻老》说：“在骨髓，司命之所属，无奈何也。”《大司命》曰：“纷总总兮九州，何寿夭兮在予。”②司命是主管寿夭的神，王夫之曰：“大司命统司（总管）人之生死，而少司命则司人子嗣之有无。以其所司者婴稚，故曰少。”洪兴祖《楚辞补注》曰：“五臣云：‘司命，星名。主知生死，辅天行化，诛恶护善也。’”③司命还能让人死而复生。《庄子·至乐》曰：“庄子之于楚，见空髑髅……夜半，髑髅见梦……庄子曰：‘吾使司命复生子形，为子骨肉肌肤，

---

① 颜昌峣校释：《管子校释》，岳麓书社，1996，第149页。

② （宋）洪兴祖撰，白化文等点校：《楚辞补注》，中华书局，2006，第82页。

③ 同上。

反子父母妻子，闾里知识，子欲之乎？'"①

《管子》中将关系到人的性命的食物比喻为司命。《管子·法法》曰："为其杀生急于司命也。"《管子·国蓄》曰："五谷食米，民之司命也。"《管子·山权数》曰："谷者，民之司命也。"《管子·揆度》曰："五谷者，民之司命也。"《管子·轻重乙》曰："故五谷粟米者，民之司命也……先王善制其通货以御其司命，故民力可尽也。"可见在先秦时期，司命掌管人的寿命和生死，是人们生活中非常重要的神灵。

在汉代，因其能主宰人之生死，神小权大，司命地位很高，不仅被纳入国家祀典，而且得到了民间百姓的普遍信奉。人们甚至在家中别作小屋供奉，出门时也随身携带，随时祭祀。"今民间独祀司命耳，刻木长尺二寸为人像，行者檐箧中，居者别作小屋，齐地大尊重之，汝南诸郡亦多有，皆祠以睹率以春秋之月。"②这说明两汉时期司命是人们日常生活中相当重要的神灵。

司命的神职和信仰到汉代时期也发生了一些变化。司命主夭寿的信仰自先秦一直盛行不衰。《春秋元命包》曰："贵相理文绪，司禄赏功进士，司命主老幼，司灾主灾咎，司中主左理也。"③幻想长生的汉代帝王也想得到司命的帮助，高祖六年"长安置祠祝官、女巫……荆巫祠堂下、巫先、司命、施糜之属……以岁时祠宫中。"但汉代人认为司命只掌管普通人的生死，不掌管帝王的寿命，认为君权天授，皇帝是天的儿子，司命对其也无能为力。《汉武故事》曰："上祀太畤祭，常有光照长安城，如月光。上以问东方朔：'此何种神也？'朔曰：'此司命之神，总鬼神者也。'上曰：'祠之能令益寿乎'？对曰：'皇者寿命悬于天，司命无能为也。'"④汉代民间普遍认为司命掌管人的生死。《后汉书·张衡传》曰："死生错而不齐兮，虽司命其不晰。"⑤《后汉书·赵壹传》曰："今所赖者，非直车軨之糒脯，手爪之针石也。乃收之于斗极，还之于司命，使乾皮复含血，枯骨复被肉，允所谓遭仁遇神，真所宜传而著之。"⑥汉代人认为司命可以让死者复生。在汉墓壁画中有很多复活的场景，如东汉吴执墓室的五组壁画组成的墓前画。"墓主人将沿着图中神山和神树所隐喻的'天梯'走下来，他不是要回归到归葬的阴宅中而是要通门回到人间。"⑦

在汉代司命还掌管刑罚，有罪会减寿，《诗纬》中有"司命执刑行罚"⑧这样的内容。东汉《太平经》曰："人寿从中出，不在他人，故言司命，近在胸心，不离人远，司

---

① （清）王先谦撰：《庄子集解》，中华书局，1987，第151页。

② （汉）应劭撰，王利器校注：《风俗通义校注》，中华书局，1981，第384页。

③ ［日］安居香山、［日］中村璋八辑：《纬书集成》，河北人民出版社，1994，第646页。

④ 鲁迅校录：《古小说钩沉》，齐鲁书社，1997，第229页。

⑤ （宋）范晔撰，（唐）李贤等注：《后汉书》，中华书局，2014，第1923页。

⑥ 同上书，第2628页。

⑦ 王娟：《汉代画像石的审美研究——以陕北、晋西北地区为中心》，博士论文，西北大学，2011，第54页。

⑧ ［日］安居香山、［日］中村璋八辑：《纬书集成》，河北人民出版社，1994，第487页。

人是非。有过辄退，何有失时，辄减人年命。”①《白虎通义·寿命》曰：“若言怠弃三正，天用剿绝其命矣。又欲使民……无滔天。滔天则司命举过言，则用以弊之。”

汉代司命不仅掌管人的寿命，同时也统管百鬼。东汉天文学家郗萌曰：“司命，主百鬼。”又曰：“司命与舆鬼司候。”②

应劭《风俗通义·祀典》曰：“今民间独祀司命耳。刻木长尺二寸为人像，行者檐箧中，居者别作小屋。齐地大尊重之，汝南诸郡亦多有，皆祠以腊率以春秋之月。”可见，汉代民间的司命信仰具有地域性的特点。汉代祭祀司命的习俗流行于晋、荆、齐等地。《史记·封禅书》云：“晋巫，祠五帝、东君、云中[君]、司命、巫社、巫祠、族人、先炊之属；秦巫，祠社主、巫保、族累之属；荆巫，祠堂下、巫先、司命、施糜之属。”③汉代司命神为木刻人像，已是人格化、世俗化的神祇，贴近百姓的日常生活，不仅为其别作小屋，春秋两季按时祭祀。外出时也随身携带，寸步不离，盖以为护身符，保佑平安。民间多在春秋祭祀司命并祭之以猪。“多皆祠以腊，率以春秋之月。”④许慎《说文解字》示部：“祉，以豚祠司命也。从示，比声，汉律曰：‘祠祉司命。’”⑤

四、祓禊

祓禊在汉代是一种流传非常广的民间习俗，祓禊对几千年的中国古代民俗产生了重要的影响。

（一）祓禊习俗的由来与发展

“祓”，《说文》曰“除恶祭也”，即一种消灾祈福的宗教活动；所谓“禊”，《广雅》解释为“祭也”，《集韵》曰“除恶祭也”。可见，“祓”与“禊”意义相同，由此可知“祓禊”就是一种除邪祈福的祭祀活动。祓禊这种活动在我国有着悠久的历史。《周礼·春官·女巫》云：“女巫掌岁时，祓除衅浴。”郑玄注曰：“岁时祓除，如今三月上巳，如水上之类；衅浴，谓以香薰草沐浴。”《韩诗章句》解释《诗经·郑风·溱洧》：“当此盛流之时，众士与众女方执蕳而拂除。郑国之俗，三月上巳之日，此两水之上，招魂续魄，拂除不祥。”祓是除的意思，禊是洁的意思，即拂除身心积累一冬的不祥，使其净化。蕳即兰。《周礼·春官·女巫》有女巫，岁时祓除，衅浴，就是先把一种具有一点香味的草药，涂在身上，然后再到水里沐浴。

先秦时期郑国有水边祔除的习俗，鲁国有入水祓除的习俗，《论语·先进篇》

---

① 杨寄林译注：《太平经今注今译》，河北人民出版社，2002，第1365页。

② （唐）瞿昙悉达：《开元占经》，中央编译出版社，2006，第499页。

③ （汉）司马迁撰，（宋）裴骃集解，（唐）司马贞索引，（唐）张守节正义：《史记》，中华书局，2005，第1378－1379页。

④ （汉）应劭撰，王利器校注：《风俗通义校注》，中华书局，1981年，第384页。

⑤ （汉）许慎撰，（清）段玉裁注：《说文解字注》，浙江古籍出版社，2006，第5页。

曰"浴乎沂",春秋时期郑国有临水祓除的习俗。《周礼·春官·女巫》曰:"女巫掌岁时,祓除衅浴。"郑玄注曰:"岁时祓除,如今三月上巳,如水上之类;衅浴谓以香薰草药沐浴。"①应劭《风俗通义》曰:"禊者,洁也……故于水上衅洁之也。""蔡邕曰:'《论语》暮春者,春服既成,冠者五六人,童子六七人,浴乎沂,风乎舞雩,咏而归。今三月上巳祓禊于水滨,盖出于此。一说云:后汉有郭虞者,三日上巳产二女,二日中并不育,俗以为大忌,至此月日讳止家,皆于东流水上为祈禳自洁濯,谓之禊祠,引流行觞,遂成曲水。'《韩诗外传》曰:'郑国之俗,三月上巳,之溱、洧两水之上,招魂续魄,秉兰草,祓除不祥。'"②可见在春秋时期祓禊是一种在上巳之日用香薰草药沐浴或将水洒在身上的一种清除鬼魂的风俗。到汉代时期,祓禊这种风俗兴盛不衰。《汉书·外戚传》里记载汉武帝曾"祓霸上"。《后汉书·礼仪志》有云:"三月上巳,宫人皆絜于东流水上。"《续汉书·礼仪志》有云:"三月上巳,宫人皆絜于东流水上,自洗濯、祓除、为大絜。"在汉代的一些文人的作品中也有对祓禊这种习俗的记载,如张衡《南都赋》、杜笃《祓禊赋》、蔡邕《祓禊文》、刘桢的《鲁都赋》等,可见祓禊这一习俗在汉代民间流传非常广泛。

(二)祓禊习俗及意蕴

祓祭为汉代人消除不祥之祭,常在春秋两季的水滨举行。农历三月初三日,上巳修禊,尤为流行。这是古已有之的习俗,《论语·先进》篇记载,曾皙说:"暮春者,春服既成,冠者五六人,童子六七人,浴乎沂(沂河水)。风乎舞雩,咏而归。"司马彪《续汉书·礼仪志》曰:"三月上巳,宫人皆絜于东流水上,曰洗濯祓除,去宿垢灾,为大絜。"絜就是清洗的意思。《西京杂记》卷三记载:"正月上辰出池边盥濯。食莲饵以祓妖邪。三月上巳张乐于流水。"③《后汉书·礼仪志》曰:"是月上巳,官民皆洁于东流水上。"蔡邕认为祓禊是自上及下,古已有的礼俗。三月上巳,水边洗濯祓除,祈福。蔡邕《祓禊文》:"洋洋暮春,厥日除巳。尊卑烟骛,惟女与士。自求多福,在洛之涘。"④汉代人认为暮春阳气旺盛,有助于祓除不祥,因此多在春日举行祓禊。《东汉会要》卷五礼三祓禊曰:"三月上巳,官民皆絜于东流水上,洗濯祓除去宿垢疢为大絜。絜者,言阳气布畅,万物讫出,始絜之矣。谓之禊也。"⑤在水的北岸举行祓禊活动,张衡《南都赋》曰:"于是暮春之禊,元巳之辰,方轨齐轸,祓于阳濒。"⑥

汉代也有秋季祓禊的记载,如汉刘桢《鲁都赋》:"及其素秋二七,天汉指隅。

---

① (清)阮元校刻:《十三经注疏·周礼》,中华书局,1987,第816页。
② (宋)郭茂倩编撰:《乐府诗集》,上海古籍出版社,1998,第847页。
③ (汉)刘歆撰,(晋)葛洪辑,向新阳、刘克任校注:《西京杂记校注》,上海古籍出版社,1991,第5页。
④ (清)严可均:《全上古三代秦汉三国六朝文》,河北教育出版社,1997,第736页。
⑤ (宋)徐天麟:《东汉会要》,上海古籍出版社,1978,第71页。
⑥ 费振刚、仇仲谦、刘南平校注:《全汉赋校注》,广东教育出版社,2005,第727页。

工祝掩渚,扬菿陈词。民胥祓禊,国于水游。缇帷弥津,丹帐覆洲。"①在水边有巫觋主持祓禊活动,口中陈词,并用箬帚扫除不祥。人们相互祓禊,洗除宿垢及不祥。祓禊时还伴有乐舞。"于是齐僮唱兮列赵女,坐南歌兮起郑儛,白鹤飞兮茧曳绪,修袖缭绕而满庭,罗袜蹑蹀而容与。翩绵绵其若绝,眩将坠而复举。翘遥迁延,蹴蹩蹁跹。结九秋之增伤,怨西荆之折盘。弹筝吹笙更为新声。寡妇悲吟,鹍鸡哀鸣。坐者凄欷,荡魂伤精。"②祓禊用乐历史悠久,据《乐府诗集》载,流传至今有祓禊曲三首:"杜笃《祓禊赋》曰:'王侯公主,暨于富商,用事伊、洛,帷幔玄黄。'本传大将军梁商亦歌泣于洛禊也。自魏不复用三日水宴者焉。《晋书》曰:'武帝尝问挚虞三日曲水之义,虞对曰:"汉章帝时,平原徐肇以三月初生三女,至三日俱亡。人以为怪,乃招携之水滨洗祓,遂因水以泛觞。其义起此。"'束晳曰:'昔周公城洛邑,因流水以泛酒,故逸诗云"羽觞随波"。'又秦昭王以三日置酒河曲,见金人奉水心之剑,曰:'令君制有西夏。'乃霸诸侯,因此立为曲水。二汉相缘,皆为盛集。《西京杂记》曰'汉宫三月上巳,张乐于流水'是也,晋宋已后皆因之,至唐传以为曲。"③

除洗濯外也有持火驱邪的,东汉杜笃《祓禊赋》记述:"巫咸之论,秉火祈福。浮枣绛水,酹酒醲川,沿以素波,鱼踊躍渊。"④东汉崔寔《四民月令》有:"三月三日可种瓜。是以及上除,可采艾、乌韭、瞿麦、柳絮。注:柳絮上疮穴也。"⑤据此可知,农历三月三尚有以艾叶祛邪、以柳絮医疮的风俗。

招魂续魄是先秦两汉时人们在三月上巳临水祓禊时,所进行的一项具有巫术色彩的活动。在先秦两汉人民的神秘观念中,人可以死而复生,灵魂不灭。"魂是人的阳神,魄是人的阴神,魂可飞扬上天,魄可下沉于地。招魂续魄的意义是招唤离弃身躯远去的魂、魄回归,它的对象不限生者或死者……先民们认为,伴随着生命之神一年一度死而复活的,不仅有植物和动物,而且还有人类自身,人类一年一度死亡的表现形式是魂、魄的离散。所以,当暮春来临,生命之神复活的时候,也就是生人的离散了的魂魄回归躯体的时候,死去的先祖、亲人,也可能随之复活。但是,不论是死者亡灵的复活,还是生者魂魄的回归,均需借助一种召唤仪式,这种召唤仪式,就是'招魂续魄'。"⑥暮春时节,万物复苏,阳气充沛,古人认为这是招魂续魄的最好时节。因此在水边祓除,招魂续魄。王丽娜认为:"召唤生者魂魄的习俗,使我们发现,祓禊衅浴,实际上是一个迎接生耆'再生'的仪式,衅浴的深层意义与出生受洗完全相同。在先秦时期,季春出郊为生者招魂续魄的习俗,以南方的楚国

① 费振刚、仇仲谦、刘南平校注:《全汉赋校注》,广东教育出版社,2005,第1121－1122页。
② 同上书,第727页。
③ (宋)郭茂倩编撰:《乐府诗集》,上海古籍出版社,1998,第847页。
④ 费振刚、仇仲谦、刘南平校注:《全汉赋校注》,广东教育出版社,2005,第402页。
⑤ (汉)崔寔著,石声汉校注:《四民月令校注》,中华书局,1965,第25页。
⑥ 王丽娜主编:《中华民俗通鉴》第八卷,内蒙古人民出版社,2006,第218页。

最盛。朱熹在《楚辞集注》中即指出:‘而荆楚之俗,乃或以是(按:即招魂续魄)施之生人……以礼言之,固为鄙野;然其尽爱以致祷,则犹古人之遗意也。’”[①]因此古人多在此日祓禊求子。

古人祭祀求子的习俗也有着悠久的历史,《诗经·大雅·生民》曰:“厥初生民,时维姜嫄。生民如何?克禋克祀,以弗无子。”[②]古人为何喜欢在水边祭祀求子?古人认为水是生命的起源地,《管子·水地篇》曰:“水者何也?万物之本原也,诸生之宗室也。”又曰:“人,水也;男女精气合而水流形。”在《山海经》等先秦文献中有很多有关水生神话的美丽记载。《山海经·大荒西经》云:“大荒之中,有女子,方浴日。帝俊妻常羲,生月十有二,此始浴之。”《山海经·海外经》云:“女子国在巫咸北,两女子居,水周之。”郭璞注曰:“有黄池,妇人入浴,出即怀妊矣。”商人始祖契的诞生也与水有关,《史记·殷本纪》云:“简狄……三人行浴,见玄鸟堕其卵,简狄取吞之,因孕生契。”

到了汉代,水可孕育生命的思想仍然盛行不衰,《后汉书·南蛮西南夷列传》中仍有水神感孕的神话:“哀牢夷者,其先有妇人名沙壹,属于牢山。尝捕鱼水中,触沈木若有感,因怀妊。十月,产子男十人。后沈木化为龙……种人皆刻画其身,象龙文,衣皆著尾。”

春天万物萌生,也是孕育生命的最好时节,春日举行青年男女聚会有助于生命的繁衍。《周礼·地官媒氏》载:“仲春之月,令会男女,于是时已,奔者不禁,若无故而不用令者,罚之。司男女无夫家者而会之。”在汉代上巳人们仍会利用祓禊求子,《史记·外戚世家》曰:“武帝即位,数年无子……帝祓霸上。”《吕太后本纪》亦曰:“三月中,吕后祓。”人们利用祓禊求子,在水中放红枣,表达早生贵子的美好愿望。《祓禊赋》中杜笃有云:“王侯公主,暨乎富商,用得伊雒,帷幔玄黄。于是旨酒佳肴,方丈盈前,浮枣绛水,酹酒酿川……巫咸之徒,秉火祈福。浮枣绛水,酹酒醲川。沿以素波,鱼踊跃源。”[③]枣在中国传统文化中有早生贵子的寓意,水面上漂浮的红枣表现了人们对生子的热切渴望。

汉代民间祓禊活动兴盛,不但是在水边祓除不详,招魂续魄,同时也是青年男女聚会,祈求生子的一项重要活动。

① 王丽娜主编:《中华民俗通鉴》第八卷,内蒙古人民出版社,2006,第218页。
② 程俊英:《诗经译注》,上海古籍出版社,2004,第436页。
③ 费振刚、仇仲谦、刘南平校注:《全汉赋校注》,广东教育出版社,2005,第401-402页。

第五章　两汉祭歌研究

两汉祭祀文化的兴盛对两汉文学产生了重要的影响，在两汉文学中出现了很多用于祭祀或对祭祀记录的文学样式，如郊庙歌辞。我国古代诗歌配乐演唱的传统由来已久，《诗经》古人就是配乐进行演唱的。古人在祭祀的时候不但用丰盛的食物来祭祀神灵，同时还用美妙的音乐和诗歌来娱神。祭祀用歌历史悠久，其源于何时已无从考证，但我国古代帝王制礼作乐施行教化的历史久远。“《乐记》曰：‘王者功成作乐，治定制礼。是以五帝殊时，不相沿乐，三王异世，不相袭礼。’明其有损益。然自黄帝已后，至于三代，千有余年，而其礼乐之备，可以考而知者，唯周而也已。”[①]周代时不同的乐歌已用于不同的祭祀对象。“《周颂·昊天有成命》，郊祀天地之乐歌也；《清庙》，祀太庙之乐歌也；《我将》，祀明堂之乐歌也；《载芟》《良耜》，藉田社稷之乐歌也。然则祭乐之有歌，其来尚矣。”[②]到了汉代时期，“汉兴，乐家有制氏，以雅乐声律世世在大乐官，但能纪其铿锵鼓舞，而不能言其义。高祖时，叔孙通因秦乐人制宗庙乐”。[③] 汉高祖时唐山夫人作《安世房中歌》诗十七章，用于宗庙祭祀。汉武帝时，命司马相如等作《郊祀歌》诗十九章，用于郊祀演奏。汉明帝分乐为四品：“一曰《大予乐》，典郊庙上陵之乐。郊乐者，《易》所谓‘先王以作乐崇德，殷荐上帝’。宗庙乐者，《虞书》所谓‘琴瑟以咏，祖考来格’，《诗》云‘肃雍和鸣，先祖是听’也。二曰雅颂乐，典六宗社稷之乐。社稷乐者，《诗》所谓‘琴瑟击鼓，以御田祖’，《礼记》曰‘乐施于金石，越于音声，用乎宗庙社稷，事乎山川鬼神’是也。永平三年，东平王苍造光武庙登歌一章，称述功德，而郊祀同用汉歌。”[④]汉代时期用于祭祀的乐歌主要是《郊祀歌》和《安世房中歌》。《郊祀歌》用于郊祀，《安世房中歌》用于宗庙祭祀。

第一节　汉《郊祀歌》文化考察

由《汉书·艺文志》可知汉代的祭祀诗主要有《泰一杂甘泉寿宫歌诗》十四篇、

① （宋）郭茂倩编：《乐府诗集》，人民文学出版社，2009，第1页。

② 同上书，第1页。

③ （汉）班固撰，（唐）颜师古注：《汉书》，中华书局，2007，第1043页。

④ （宋）郭茂倩编：《乐府诗集》，人民出版社，2009，第4页。

《宗庙歌诗》五篇、《诸神歌诗》三篇、《送迎灵颂歌诗》三篇。但现存的只有《郊祀歌》《安世房中歌》和班固在《东都赋》中所作的《明堂诗》《辟雍诗》《灵台诗》《宝鼎诗》《白雉诗》等。

何谓郊祀关于郊祀礼，古籍中多有记载。古人认为郊祀是为了报本反始。《礼记·郊特牲》云："万物本乎天，人本乎祖，此所以配上帝也。郊之祭也，大报本反始也。"郊祀最初只是祭天，"《舜典》正月上日，肆类于上帝，禋于六宗，注告天及五帝，疏以事类而祭也"(《玉海·郊祀》)。《礼记·礼运》云："故祭帝于郊，所以定天位也。"《礼记·礼器》云："饗帝于郊而风雨节。"班固《汉书·郊祀志》云："有司皆曰：'古者天子夏亲郊祀上帝于郊，故曰郊。'"颜师古注："邑外谓之郊。"《玉海·郊祀》中有关于商周时期祭天的记载："冬日至，祀天于圆丘，大宗伯以禋祀，祀昊天上帝，礼神玉以苍璧，币随玉色。"到了周代，郊祀伴有祭地，《周颂·昊天有成命》曰："昊天有成命，郊祀天地也。"汉代正式的郊祀礼始于汉文帝，汉文帝十五年下《议郊祀诏》讨论郊祀礼："'有异物之神见于成纪，毋害于民，岁以有年。朕几郊祀上帝诸神，礼官议，毋讳以朕劳。'有司皆曰：'古者天子夏亲郊祀上帝于郊，故曰郊。'于是，夏四月，文帝始幸雍郊见五畤，祠衣皆上赤。"①这一时期郊祀礼主要指的是祭天地之礼。

汉王朝为了维护皇权的权威和合法性，维护其大一统的统治地位，大肆宣扬天是世间一切的主宰，皇帝是天的儿子。到了汉武帝时期，其发展尤甚。"至武帝定郊祀之礼，祠太一于甘泉，就乾位也，祭后土于汾阴，泽中方丘也……以正月上辛用事甘泉圜丘，使童男女七十人俱歌，昏祠至明。"(《汉书·礼乐志》)汉武帝将"太一"列为至尊天神，认为"太一"是天神中最尊贵的神灵，而五帝则退居为"太一"的配神。《汉书·郊祀志》中记载了对"太一"的祭祀情况："亳人谬忌奏祠太一方，曰：'天神贵者泰一，泰一佐曰五帝。古者天子以春秋祭太一东南郊，日一太牢，七日，为坛开八通之鬼道。'于是，天子令太祝立其祠长安城东南郊，常奉如忌方。"后来又有人上书："古者三年一用太牢祠三一：天一、地一、泰一。"汉武帝许之。

在汉代，为了维护大一统的政治需要，天神的至尊地位被凸显。董仲舒认为："天者，百神之君也，王者之所最尊也。以最尊天之故，故易始岁更纪，即以其初郊。郊必以正月上辛者，言以所最尊，首一岁之事。每更纪者以郊，郊祭首之，先贵之义，尊天之道也。"②班固亦云："王者即位，必郊祀天地，祷祈神祇，望秩山川，怀柔百神，亡不宗事。慎其斋戒，致其严敬，鬼神歆饗，多获福助。此圣王所以顺事阴气，和神人也。至发号施令，亦奉天时。"③

汉武帝时期，郊祀礼得到了进一步的完备和发展。汉武帝即位后八年，"初至

① (汉)班固撰，(唐)颜师古注：《汉书》，中华书局，2007，第1213页。

② (清)苏舆：《春秋繁露义证》，中华书局，1992，第402－403页。

③ (汉)班固撰，(唐)颜师古注：《汉书》，中华书局，2007，第1342页。

雍郊见五畤,后常三岁一郊”①。《史记索隐》司马贞云:“元年祭天,二年祭地,三年祭五畤,三岁一遍,皇帝自行也。”这时已经开始有了祭地之礼。元鼎四年(公元前113年),汉武帝郊祀五畤,他认为仅郊祀上帝是不够的,“今上帝朕亲郊,而后土无祀,则礼不答”②,让大臣们讨论祭祀后土的事情。太史令司马谈和祠官宽舒建议在汾阴县祭祀后土:“今陛下亲祠后土,后土宜于泽中圆丘为五坛,坛一黄犊太牢具。已祠尽瘗,而从祠衣上黄。”③于是汉武帝便“立后土祠于汾阴上”,十一月甲子率领群臣到汾阴祭祀后土,“上亲拜望,如上帝礼”(《史记·封禅书》),祭祀后土的制度开始被确定下来。因此,汉代的郊祀礼包括郊天之礼和祀地之礼。

汉代用于郊祀的乐歌是《郊祀歌》,《郊祀歌》有些篇章艰深古奥,难于理解,确如《史记·乐书》所言“通一经之士不能独知其辞,皆集会《五经》家,相与共讲习读之”。“究其原因,一是思想内容驳杂,所祀神祇无姓名可考;二是语言艰涩,杂糅了巫术方士神仙家语。”④《郊祀歌》虽然篇章艰深古奥,但与先秦时期的祭祀乐歌相比有了很大的创新。

一、题材内容的创新

汉武帝时期的乐府祭祀歌诗的内容已经突破了以往歌颂祖德、祭祀神灵的旧制。《宋书·乐志》有论:“汉武帝虽颇造新哥,然不以光扬祖考、崇述正德为先,但多咏祭祀见事及其祥瑞而已。”⑤《宋书·乐志》虽然认为汉武帝领导下创作的乐府祭祀歌诗未遵循“光扬祖考崇述正德”的先秦祭祀诗歌的内容规范,但对其创新性还是给予了肯定。梁启超也认为《郊祀歌》“体裁和气格,有点出自《诗经》的三颂,却并不袭三颂面目,有点出自楚辞的《九歌》,也不袭《九歌》面目,最少也是熔铸三颂《九歌》,别成自己的生命”⑥。

汉武帝之前,周代的祭祀歌诗主要保存在《诗经》三颂中。其中,《周颂》三十一篇,据《诗经》文本,参以孔颖达《毛诗正义》对郑玄《周颂谱》所作的记录。“今颂,《昊天有成命》《我将》《思文》《噫嘻》《载芟》《良耜》及《桓》,是郊社之歌也,其《清庙》《维天之命》《维清》《天作》《执竞》《雍》《武》《酌》《赉》之等,为祖庙之祭也,其《烈文》《臣工》《振鹭》《丰年》《潜》《有瞽》《载见》《有客》《闵予小子》《访落》《丝衣》之等,虽有祖庙之事,其颂德又与上异也。《时迈》与《般》有望祭河岳之

① (汉)班固撰,(唐)颜师古注:《汉书》,中华书局,2007,第1216页。

② (汉)司马迁撰,(宋)裴骃集解,(唐)司马贞索引,(唐)张守节正义:《史记》,中华书局,2005,第1389页。

③ 同上。

④ 曾祥旭:《论<郊祀歌>的神仙思想》,《南都学坛》(人文社会科学学刊),2002年第1期,第60页。

⑤ (梁)沈约:《宋书》,中华书局,1974,第550页。

⑥ 梁启超:《饮冰室合集·中国之美文及其历史》,中华书局,1989,第67页。

事，是山川之祭也。”①

今存汉代时期乐府祭祀歌诗有《郊祀歌》十九章，其中，《练时日》和《赤蛟》二章分别为迎神、送神之曲，《帝临》《青阳》《朱明》《西颢》《玄冥》《惟泰元》《天地》《日出入》《天门》《后皇》《华烨烨》《五神》等十二章祭祀泰一天地诸神，《天马》《景星》《齐房》《朝陇首》《象载瑜》等五章为歌颂符瑞的颂瑞诗。可以说，《郊祀歌》十九章是以歌颂天地诸神和符瑞物为主的，在内容上不仅没有一篇遵循《诗经》颂诗歌颂祖德的祭祀规范，而且在一定程度上逾越了《楚辞·九歌》“事乎山川鬼神”的祀神灵界限。（明）梅鼎祚《古乐苑》卷一云：“《宋书·乐志》曰汉武颇造新歌，然不以光扬祖考崇述正德，但多咏祭祀及祥瑞而已，今按其首《练时日》曰灵之来，灵之至，迎神也。《帝临》五章歌五帝也，泰元三章统颂天地，而《日出入》言人命不能安固，武帝愿乘黄之徕下如黄帝之升而仙也，其后或纪瑞应或祝神，赤蛟曰礼乐成，灵将归则送神之曲也。”从祭祀的内容上来看，汉《郊祀歌》与先秦时期的祭祀颂歌相比确实发生了很大的变化，先秦时期的祭祀颂歌多是对天地、山川和祖先的祭祀赞赏，而汉《郊祀歌》中没有祖先神的身影，其主角是以天神“太一”为中心的天神神灵系统。这也正如汉《郊祀歌》的降神曲《帝临》描写的歌颂神灵降临的情形“帝临中坛，四方承宇”那样。《汉书·礼乐志》引颜师古注曰：“言天神尊者来降中坛，四方之神各承其宇也。”“太一”天神降临，众神相拥。据《汉书·郊祀志》所载，祭祀“太一”以诸神作为配祭：“令祠官宽舒等具泰一祠坛，祠坛放亳忌泰一坛，三陔。五帝坛环居其下，各如其方。黄帝西南，除八通鬼道。泰一所用，如雍一畤物，而加醴枣脯之属，杀一牦牛以为俎豆牢具。而五帝独有俎豆醴进。其下四方地，为腏，食群神从者及北斗云。已祠，胙余皆燎之。其牛色白，白鹿居其中，彘在鹿中，鹿中水而酒之。祭日以牛，祭月以羊彘特。泰一祝宰则衣紫及绣，五帝各如其色，日赤，月白。十一月辛巳朔旦冬至，昒爽，天子始郊拜泰一。朝朝日，夕夕月，则揖；而见泰一如雍郊礼。”

另外流传下来的一组先秦祭歌《九歌》，无论是内容还是形式都与汉《郊祀歌》相去甚远，例如，《九歌》写各神都用描述的方法，汉《郊祀歌》则极尽礼赞之能事。《九歌》中的主神和配神都是有名字可查的，而汉《郊祀歌》有些篇章祭祀的神灵无法坐实，而且还有的篇章是颂扬符瑞之物的。

在汉代的神灵祭祀系统中以天神“太一”为最尊。《诗经·周颂》中的祭祀对象是先祖、昊天、上帝、百神等。祭祀的神灵虽然很多，但都是与本国有着一定关系的，一般都是本部族的祖先神灵。汉代祭祀诗中祭祀的对象多是一些天地神灵如天地、日神、四时和祥瑞的象征等。汉代祭祀诗的祭祀对象已经基本取代了先秦祭祀诗中一些“先祖”的位置，这意味着汉代祭祀已不再像先秦那样祭祀具有血缘意

① （汉）郑玄笺，（唐）孔颖达疏：《毛诗正义》，中华书局，1957，十三经注疏本，第1256页。

义的祖先神，汉代祭祀的主体多是一些无血缘关系，远离人间，高高在上，无法企及的神灵。先秦祭祀的那种能够团结本部族人民向心力的神灵已经不存在。从某种意义上讲，这是汉代大一统国家最高统治者的真实写照，君权神授，皇帝代表上天的意志统治人民。

二、音乐革新，采用新声

汉武帝时期乐府歌诗使用新声。先秦时期的祭祀乐歌基本采用的是雅乐，而汉《郊祀歌》采用的是赵代秦楚之讴的俗乐。先秦雅乐发展到汉代时期已经开始衰落。“是时，河间献王有雅材，亦以为治道非礼乐不成，因献所集雅乐。天子下大乐官，常存肄之，岁时以备数，然不常御，常御及郊庙皆非雅声。……今汉郊庙诗歌，未有祖宗之事，八音调均，又不协于钟律，而内有掖庭材人，外有上林乐府，皆以郑声施于朝廷。”①

汉《郊祀歌》为李延年等人所谱曲，据《汉书》记载：“李延年，中山人，身及父母兄弟皆故倡也。……延年善歌，为新变声。是时上方兴天地祠，欲造乐，令司马相如等作诗颂。延年辄承意弦歌所造诗，为之新声曲。”②“暨武帝崇礼，始立乐府，总赵代之音，撮齐楚之气，延年以曼声协律，朱马以骚体制歌，桂华杂曲，丽而不经，赤雁群篇，靡而非典。”③清新活泼的郑卫新声取代板正凝重的古乐，是历史发展的必然，也是郊祀歌内容创作的要求，汉《郊祀歌》与先秦祭歌相比，内容不再像先秦祭歌那样庄严和呆板，里面有很多与神灵狂欢的场面，如《郊祀歌》中的《练十日》《华烨烨》，《练十日》通过灵之游、灵之下、灵之来、灵之至、灵已坐、灵安留等多方面铺陈，展现神灵由远而近，最后降临的过程，以及其神灵的风采和与神灵见面的喜悦之情。《华烨烨》也同样，在神之出、神之行、神之来、神安坐等方面采取了大量的铺陈，渲染神出行队伍的浩荡，“车千骑……旌容容”，神由远而近，最后降临的欢乐场景。神灵接受人们的供奉，可以像常人一样喝得酩酊大醉，《赤蛟》曰“勺椒浆，灵已醉”，达到人神共同娱乐的目的，这里的神灵不再高高在上，不再遥不可及，形成人神共同狂欢的美景。

汉《郊祀歌》中的神灵与先秦时期的《诗经》中的神灵有很大的区别，更具有人性化的特点，这与《九歌》中的神灵有很多相似之处。这是汉初文人对楚文化学习吸收的结果，楚文化具有迷离的宗教神话色彩与天真狂放的浪漫情怀。汉初的文学创作者更多的吸收了楚文化的审美因素，《汉书·礼乐志》载：“武帝定郊祀之礼，祠太一于甘泉……乃立乐府，采诗夜诵，有赵、代、秦、楚之讴。以李延年为协律都尉，多举司马相如等数十人造为诗赋，略论律吕，以合八音之调，作为十九章之

---

① （汉）班固撰，（唐）颜师古注：《汉书》，中华书局，2007，第 1070－1071 页。

② 同上书，第 3725 页。

③ 周振甫：《文心雕龙今译》，中华书局，2006，第 67 页。

歌。"闻一多认为:"九章之歌所代表的诸神的地理分布,恰恰是赵、代、秦、楚。"①楚辞《九歌》对汉《郊祀歌》的创作当起到了一定的影响,汉《郊祀歌》仿《九歌》而作。闻一多认为:"汉《郊祀歌》是仿《九歌》而作,《练时日》与《赤蛟》相当于《东皇太一》与《礼魂》,其间迎送的口气至少是依然保存着。"②这与当时的社会现实有关,汉初统治阶层大多来自楚地,楚文化对其产生了根深蒂固的影响,在文学创作中必然要产生一定的影响。这也正如许结所概括的汉初文学思想发展的状况:"以南方楚文化传入北国而引起的楚声兴隆为突出表征。"③

三、诗歌体式的变化

汉《郊祀歌》与先秦祭歌相比,不但在内容、配乐上有所创新,在诗体方面也有所进步,如三言诗在汉代发展成熟,主要体现在汉代的祭歌当中。谢榛《四溟诗话》曰:"《江有汜》,乃三言之始。迨《天马歌》,体制备矣。"④清代赵翼《陔余丛考·三言诗》云:"三言诗,《金玉诗话》谓起于高贵乡公。然汉《安世房中歌》'丰草葽'及'雷震震'二章,《郊祀歌》之'练时日''太乙贶''天马徕'等章,已创其体,则不始于魏末矣。刘勰又引《喜起歌》为三言之首,而谓诗之有三五言,多成于西汉。盖《国风》'山有榛,隰有苓',《周颂》'绥万邦,屡丰年'之类,古诗中原有此句法,特汉初以之为全篇,遂成此三言为一体耳。"⑤汉《郊祀歌》与先秦时期的祭歌相比,在诗歌的体式上也发生了一定的变化。孙常叙认为:"《郊祀歌》十九章。它有些辞句是受楚辞《九歌》影响的。其中以《天地》这一章最为明显。例如'展诗应律鋗玉',这句诗'展诗''应律'连用,显然是从《九歌·东君》'展诗兮会舞,应律兮合节'两句提炼出来的。不仅知此,而且它的'千童岁舞成八溢,合好效欢虞泰一。九歌毕奏斐然殊,鸣琴竽瑟会轩朱'这四句和《东皇太一》所阐明的《九歌》任务'穆愉上皇'即敬娱东皇太一,是完全相同的。这表明它的作者是读过楚辞《九歌》,而且通过歌辞知道它是娱太一而作的。"⑥

汉代文学受楚风影响很大,《乐府诗集》所载汉代民歌常有楚声。汉郊庙歌辞受楚辞影响很大,《郊祀歌》中《天门》《景星》《天马歌》等章内容反复铺陈,颇似楚辞。清人王先谦、今人赵敏俐等人认为是去"兮"成三言,甚至有人认为是班固将"兮"字去掉,但证据不足,有待进一步考证。西汉时期三言诗在庙堂之上,特别是作为宗庙祭祀诗盛行一时,如《安世房中歌》的《安其所》《丰草葽》《雷震》,《郊祀

---

① 朱自清等:《跟大师学国学大全集》,中国华侨出版社,2011,第418页。

② 闻一多:《闻一多全集·楚辞编·乐府诗集编5》,湖北人民出版社,2004,第354页。

③ 许结:《汉代文学思想史》,人民文学出版社,2010,第26页。

④ 吴文治主编:《明诗话全编》第三册,江苏古籍出版社,1997,第3145页。

⑤ (清)赵翼:《陔余丛考》,河北人民出版社,1990,第368-369页。

⑥ 孙常叙:《楚辞<九歌>本意失传原因的初步探讨》,《东北师大学报》(哲学社会科学版),1986年第5期,第110页。

歌》中的《练十日》《天门》《华烨》《五神》《朝陇首》《象载瑜》《赤蛟》等。可以说，三言祭祀诗的创作不但丰富了汉代的祭祀诗，同时，也丰富并促进了汉代文学的发展。同时，现存的汉代三言诗体郊庙歌辞对后世文学的创作的影响是不容忽视的。

汉代的祭歌诗体样式多样，如《景星》《天地》《天门》，就今存文献看，这三首歌诗杂用四言与七言句式，大量以七言句入诗，不仅为此前祭歌所未有，在此前表现其他内容的歌诗中亦属新创。汉代祭祀诗除了三言、四言外还有四言、七言杂糅的如《景星》《天地》。汉代帝王喜爱楚风，刘邦作有楚辞体的《大风》、汉武帝作有《秋风辞》，所以汉《郊祀歌》杂有七言极其有可能是受楚风的影响。楚风对汉代祭祀诗的影响是深远的，东汉班固的《宝鼎诗》《白雉诗》是采用七言句式作的祭祀诗，但每句都带有“兮”字，这明显留有楚风的痕迹，如《宝鼎诗》云：“岳修贡兮川效珍，吐金景兮歊浮云。宝鼎见兮色纷缊，焕其炳兮被龙文。登祖庙兮享圣神，昭灵德兮弥亿年。”①

东汉郊庙歌语言没有创新，完全模拟《诗经》。如东平王刘苍进献的郊庙歌诗《武德舞歌诗》，几乎就是《诗经·清庙》的翻版，刘苍对《清庙》仅做了几处改动，把五字句变为四言，比《清庙》更古奥庄重。《诗经·清庙》：“于穆清庙，肃雝显相。济济多士，秉文之德。对越在天，骏奔走在庙。不显不承，无射于人斯。”②《武德舞歌诗》曰：“于穆世庙，肃雍显清。俊乂翼翼，秉文之成。越序上天，骏奔来宁。建立三雍，封禅泰山。章明图谶，放唐之文。休矣惟德，罔射协同。本支百世，永保厥功。”③

四、祭祀心态的转变

（一）生命个体意识的突显

与先秦祭祀相比，汉代祭祀的终极目标发生了变化。先秦祭祀是为了本部族的繁荣，子孙万代生生不息的愿望；汉代帝王祭祀除了是为了保持帝业的稳定、国家的兴盛外，则更加突出个体生命意识的愿望，也就是帝王的长生欲望。

汉《郊祀歌》中有很多诗篇都体现了祥瑞长生思想，如《日出入》《景星》《齐房》《天马》《朝陇首》《象载瑜》《赤蛟》等。《日出入》曰：“吾知所乐，独乐六龙，六龙之调，使我心若。訾黄其何不徕下！”应劭曰：“《易》曰：‘时乘六龙以御天。’武帝愿乘六龙，仙而升天。”又曰：“訾黄一名乘黄，龙翼而马身，黄帝乘之而仙。武帝意欲得之，曰：‘何不来邪？’”（《汉书·礼乐志》）可见汉武帝成仙的愿望何等强烈。汉武帝迷信鬼神，但更爱追求长生。汉武帝重用方士李少翁，希望李少翁能帮他达成长生的梦想：“齐人李少翁，年二百岁，色如童子，上甚信之，拜为文成将军，以客

① 费振刚、仇仲谦、刘南平校注：《全汉赋校注》，广东教育出版社，2005，第498页。

② 程俊英：《诗经译注》，上海古籍出版社，2009，第513页。

③ 逯钦立辑：《先秦汉魏晋南北朝诗》，中华书局，1983，第167页。

礼之。于甘泉宫中画太一诸神像，祭祀之。少翁云：‘先致太一，然后升天，升天然后可至蓬莱。’岁余而术未验。”[①]汉武帝曾企图亲自海上求仙。“上欲浮海求神仙，海水暴沸涌，大风晦冥，不得御楼船，乃还。”[②]据《汉书·郊祀志》记载：“成帝末年好鬼神……多上书言祭祀方术者，皆得待诏，祠祭上林苑中长安城旁，费用甚多。”据《汉书·礼乐志》记载，《天马歌》为“元狩三年，马生渥洼水中作”。《汉书·西域传》曰，大宛国“多善马，马汗血，言其先天马子也。”应劭云：“大宛有天马种，蹶踢石汗血。踢石者，谓踢石而有迹，言其蹄坚利。汗血者，谓汗从前肩髆出，如血。号一日千里也。”（《汉书·礼乐志》）汉武帝所获的天马就是传说中的汗血宝马，这种马日行千里，可以帮助汉武帝达成追仙、成仙的愿望，所以汉武帝为获此马作《天马歌》。而且获宝马是汉武帝颇为重视的一件事，上有所好下必施之，文人迎合汉武帝作诗颂赞此事，从逯钦立先生所辑的《先秦汉魏晋南北朝诗》中可见对于获宝马不止作了一首《天马歌》，还有《西极天马歌》等。天马可以带着汉武帝去神仙居住的地方游玩，游昆仑、游闾阖观玉台，可以帮其达成长生不老的愿望。

汉代人这种长生的愿望由来已久，《山海经·大荒西经》中轩辕国的人即使短命的都可活到八百岁：“轩辕之国在穷山之际，其不寿者八百余岁。”[③]《韩非子·十过篇》中黄帝的形象显然也是神化了的：“昔者黄帝合鬼神于西泰山之上，驾象车而六蛟龙、毕方并辖，蚩尤居前，风伯进扫，两师撒道，虎狼在前，鬼神在后，腾蛇伏地，凤凰在上，大合鬼神。”[④]《山海经·海外南经》记载：“不死之民在东，其人为黑色，寿，不死。”古人把长生不死的人视为神仙。“神仙者，所以保性命之真，而游求于其外者也。”[⑤]《汉书·郊祀志》记载了汉以前帝王的求仙活动：“自威、宣、燕昭使人入海求蓬莱、方丈、瀛州。此三神山者，其传在勃海中，去人不远。盖尝有至者，诸仙人及不死之药皆在焉。其物禽兽尽白，而黄金银为宫阙。未至，望之如云；及到，三神山反居水下，水临之。患且至，则风辄引船而去，终莫能至云。世主莫不甘心焉。”《汉书·艺文志》方技三十六家中就有神仙家，神仙家是战国以来直到秦、汉一直活跃的群体，它在当时十分兴盛，秦皇汉武听信方士的传言派人求仙。神仙家有一定的著作流传于世，据《汉书·艺文志》载，当时有“神仙十家”的作品流传于世：“《宓戏杂子道》二十篇，《上圣杂子道》二十六卷，《道要杂子》十八卷，《黄帝杂子步引》十二卷，《黄帝岐伯按摩》十卷，《黄帝杂子芝菌》十八卷，《黄帝杂子十九家方》二十一卷，《泰壹杂子十五家方》二十二卷，《神农杂子技道》二十三卷，《泰壹杂子黄冶》三十一卷。”班固是这样描述神仙家的：“神仙者，所以保性命之真，而游

① 鲁迅校录：《古小说钩沉》，齐鲁书社，1997，第214页。
② 同上书，第226页。
③ 袁珂：《山海经校译》，上海古籍出版社，1985，第271页。
④ 王先慎：《韩非子集解》，中华书局，1998，第65页。
⑤ （汉）班固撰，（唐）颜师古注：《汉书》，中华书局，2007，第1780页。

求于其外者也。聊以荡意平心，同死生之域，而无怵惕于胸中。"但他也认为其怪诞不符合圣贤的礼法："然而或者专以为务，则诞欺怪迂之文弥以益多，非圣王之所教也。"①

汉代长生思想十分兴盛。"汉代社会是非理性生命思想占主导倾向的时代。其时非理性生命思想的核心观念就是深信神仙可求、长生可得和死后灵魂的永生。"②据《汉书·淮南衡山济北王传》记载，淮南王刘安曾命宾客方术之士撰写有关求仙的书籍，刘安"招致宾客方术之士数千人，作为《内书》二十一篇，《外书》甚众，又有《中篇》八卷，言神仙黄白之术，亦二十余万言"。

东汉时期的一些文人的作品中也存在着长生的思想。东汉时桓谭作《仙赋》曰："乘凌虚无，洞达幽明。诸物皆见，玉女在旁。仙道既成，神灵攸迎。"③班彪《览海赋》对此有更为详细的描写："指日月以为表，索方瀛与壶梁。曜金璆以为阙，次玉石而为堂。蓂芝列于阶路，涌醴渐于中唐。朱紫彩烂，明珠夜光。"④张衡《七辨》曰："若夫赤松王乔，羡门安期。嘘吸沆瀣，饮醴茹芝。驾应龙，载行云，桴弱水，越炎氛，览八极，度天垠。"⑤在汉代郊祀歌中也有多处表现了帝王的求仙长生思想，如《象载瑜》中的"登蓬莱，结无极"⑥，《赤蛟》中的"延寿命、永未央""托玄德、长无衰"⑦等，都可以说是帝王求仙长生思想的表现。

从汉《郊祀歌》十九章中我们能发现非中原正统文化的因素，这些因素中以齐楚文化的特点最为明显。主要是受到楚地巫文化以及燕齐方术文化的影响。汉代帝王追求成仙长生的梦想，可能与齐文化的影响有关。"为了寻找成仙的途径和长生不老的方药，汉武帝曾与许多方士打过交道，而这些方士大都来自于齐地。所以从宗教信仰来看，汉武帝与齐地的宗教文化有着密切的关系。如果说汉武帝'独尊儒术'表现了在思想文化意识上对鲁学术文化的仰慕，而求仙则反映了对齐宗教的倾心。"⑧汉代有很多方士是齐人，《史记·封禅书》记载："自齐威、宣之时，驺子之徒论著终始五德之运，及秦帝而齐人奏之，故始皇采用之。而宋毋忌、正伯侨、充尚、羡门高最后皆燕人，为方仙道，形解销化，依于鬼神之事。驺衍以阴阳主运显于诸侯，而燕齐海上之方士传其术不能通，然则怪迂阿谀苟合之徒自此兴，不可胜数也。"

方士帮助帝王长生的一个重要方法就是炼制丹药，《盐铁论·散不足》中有

---

① (汉)班固撰，(唐)颜师古注：《汉书》，中华书局，2007，第1780页。
② 钱志熙：《唐前生命观和文学生命主题》，东方出版社，1997，第135页。
③ 费振刚、仇仲谦、刘南平校注：《全汉赋校注》，广东教育出版社，2005，第341页。
④ 同上书，第355页。
⑤ 同上书，第787－788页。
⑥ (汉)班固撰，(唐)颜师古注：《汉书》，中华书局，2007，第1069页。
⑦ 同上。
⑧ 王克奇：《秦皇东巡与汉武封禅》，山东文艺出版社，2004，第45页。

“言仙人食金饮珠，然后寿与天地相保”的记载。《汉书·刘向传》曰：“淮南有《枕中鸿宝苑秘书》，书言神仙使鬼物为金之术，及邹衍重道延命方，世人莫见，而更生父德武帝时治《淮南》狱得其书。”邹衍《重道延命方》今已失传，但从其名可以判断此书的主旨是神仙延命的方法，也就是当时的单沙化黄金的炼丹术。《孝经援神契》云：“巨胜延年，威喜；辟兵。”从《抱朴子》中可窥见制丹的方法，《抱朴子·内篇十一仙药》曰：“巨胜，威喜病草药，以与金液等合炼之，则成丹金，所谓延年辟兵，其效乃见。”《抱朴子·金丹篇》曰：“以金液为威喜巨胜之法，取金液及水银一味合煮之，三十日，出，以黄土瓯盛，以六一泥封，置猛火炊之，六十时，皆化为丹，服如小豆大便仙，以此丹一刀圭粉，水银一斤，即成银。又取此丹一斤置火上扇之，化为赤金而流，名曰丹金。以涂刀剑，辟兵万里。以此丹金为盘碗，饮食其中，令人长生。以承日月得液，如方诸之得水也，饮之不死。”此外，汉武帝还专门建神明台接露水服玉屑长生：“神明台，武帝造祭仙人处，上有承露盘，有铜仙人舒掌捧铜盘玉杯，以承云表之露，以露和玉屑服之。”(《三辅黄图》)

除了炼制丹药，方士还会替帝王海上寻仙，从战国时期开始就一直不断。《史记·封禅书》曰：“自威、宣、燕昭使人入海求蓬莱、方丈、瀛洲。此三神山者，其傅在勃海中，去人不远；患且至，则船风引而去。盖尝有至者，诸仙人及不死之药皆在焉。其物禽兽尽白，而黄金银为宫阙。未至，望之如云；及到，三神山反居水下。临之，风辄引去，终莫能至云。世主莫不甘心焉。及至秦始皇并天下，至海上，则方士言之不可胜数。”

《史记·孝武本纪》曰：“少君言上曰：‘祠灶则致物，致物而丹沙可化为黄金，黄金成以为饮食器则益寿，益寿而海中蓬莱仙者乃可见，见之以封禅则不死，黄帝是也。臣尝游海上，见安期生，安期生食巨枣，大如瓜。安期生仙者，通蓬莱中，合则见人，不合则隐。’于是天子始亲祠灶，遣方士入海求蓬莱安期生之属，而事化丹沙诸药齐为黄金矣。”

《汉书·楚元王传》：“上(指汉武帝)复兴神仙方术之事，而淮南有《枕中鸿宝苑秘书》。书中言神仙使鬼物为金之术，及邹衍重道延命方，世人莫见，而更生(指刘向)父德武帝时治淮南狱得其书。更生幼而读诵以为奇，献之。言黄金可成。”

从以上资料中可以看出，秦汉之际宣传不死的都是方士，方士鼓吹和宣传不死之术。所谓的鬼神之事即如《史记·封禅书》所载的海上神仙，不死的方法是黄金、丹砂、封禅。因此汉代诸多帝王对封禅热衷迷恋，汉武帝时期举行的巡狩和封禅就有八次之多。

汉代民间也追求长生，这在汉代的一些铜镜铭文中可以看到。元兴元年环状乳神兽镜外区铭文：“元兴元年五月丙午日天大赦，广汉造作尚方竟，幽湅三商，周得无极，世得光明，长乐未央，富且昌，宜侯王，师命长生如石，位至三公，寿如东王父西王母，仙人子立（位）至公侯。”[①]中平四年环乳状神人兽禽镜铭文：“中平四年，五月午日，幽涑白同（铜），早（造）作明竟，买者大富，长宜子孙，延年命长，上入王府，西王母兮，大乐未央，长生大吉，天王日月，太师命长。”[②]

《古诗纪》中有云：“上方作鉴真大巧，上有仙人不知老，渴饮玉泉饥食枣，寿如金石佳且好。”

梅鼎祚所编《东汉文纪》卷三十二：“尚方鉴铭一：尚方作镜（毋）大伤，左龙右虎掌四旁，朱凤玄武和阴阳，子孙备具居中央，长保二亲，乐富昌兮，宜侯王兮。

“尚方鉴铭二：尚方作镜真大好，上有仙人不知老，渴饮玉泉饥食（枣），浮游天下敖四海，寿比金石之国保。

“尚方鉴铭三：尚方作镜真大好，上有仙人不知老，渴饮玉泉饥食（枣），寿如介石（下阙）。

“尚方鉴铭四：尚方作镜四夷服，多贺国家人民息，胡虏殄灭天下复，风雨时节五谷熟，长保二亲子孙力，传吉后世乐母（毋）极兮。”

所以说，汉代求仙长生思想是一种自上而下的全民信仰。

《景星》又名《宝鼎歌》。汉代把宝鼎视为长生吉祥之物。据《汉书·武帝纪》记载：“元鼎四年夏六月，得宝鼎后土祠旁……作《宝鼎之歌》。”《汉书·礼乐志》也对这一事进行了记述：“《景星》，元鼎五年，得鼎汾阴作。”如淳曰：“景星者，德星也。见无常，常出有道之国。”汉人认为宝鼎是国家统一、帝王长寿的象征。“闻昔泰帝兴神鼎一，一者一统，天地万物所系象也。……唯受命而帝者心知其意而合德焉。”（《汉书·郊祀志》）《史记·封禅书》中有黄帝铸鼎成仙的故事：“黄帝采首山铜，铸鼎于荆山下。鼎既成，有龙垂胡髯下迎黄帝，黄帝上骑，群臣后宫从上者七十余人，龙乃上去。”汉武帝听了这个传说后说：“嗟乎，吾诚得如黄帝，吾视去妻子如脱躧耳。”可见汉武帝成仙愿望的强烈。

《齐房》又名《芝房歌》。《汉书·武帝纪》记载，元封二年，夏，“六月，甘泉宫内中产芝，九茎连叶，上帝博临，不异下房，赐朕弘休……作《芝房之歌》。”应劭云：“芝，芝草也，其叶相连。”古人认为灵芝是长生的象征，“《汉武内传》曰，西王母之仙上药，有大真红芝草”[③]。《齐房》从侧面反映了汉武帝在获灵芝后的喜悦和追求长生梦想的执着。

上述几首诗体现了汉武帝对长生的痴迷与执着。

（二）大一统的政治愿望

实现大一统是汉武帝执政以来不懈追求的政治梦想，汉武帝为其做出了终身的努力。《左传·成公十三年》曰：“国之大事，在祀与戎。”祭祀是历来古代君王所

---

① 孔祥星、刘一曼：《中国铜镜铭文》，文物出版社，1997，第410页。

② 同上书，第413页。

③ 欧阳询撰，汪绍楹校：《艺文类聚》，中华书局，1965，第1700页。

看重的事情，祭祀不但可以团结民众，还可以宣扬皇权的权威性、合法性。

中国历代帝王都十分重视符瑞现象，符瑞有助于宣扬和维护帝统的合法性。符瑞又称“祥瑞”，被儒家学者认为是表达天意、对人有益的自然现象，如出现彩云，禾生双穗，地涌甘泉，奇禽异兽出现等。符瑞思想出现得很早，扬雄认为上古三代时期就有符瑞，“故甘露零其庭，醴泉流其唐，凤凰巢其树，黄龙游其沼，麒麟臻其囿，神爵栖其林。昔者禹任益虞，而上下和，草木茂；成汤好田而天下用足”[①]。《尚书·帝命验》则记述了文王诞生时出现的圣瑞情形：“春秋之月甲子，赤雀衔丹书入丰，止昌户。”[②]《淮南子·览冥训》即云：“昔者，黄帝治天下……于是日月精明，星辰不失其行，风雨时节，五谷登孰，虎狼不妄噬，鸷鸟不妄博，凤凰翔于庭，麒麟游于郊，青龙进驾，飞黄伏皂。”

符瑞为汉代天人感应思想提供了重要依据。汉代人相信上天是最高神，掌管一切，当帝王政治清明国家安康的时候，会降符瑞给以启示。符瑞有一定的政治意义，有利于汉代统治者维护其权威地位。符瑞对汉代帝王有一定的约束和警醒作用，有助于汉代帝王检查自己的政治得失。汉代人尚天，认为天是百神之君，上天对皇帝的行为具有监督的作用，当皇帝的行为和德行顺应民意，天下太平的时候，或有贤主明君出现的时候，上天就会降符瑞，给以启示和赞扬。当皇帝有过失的时候就降一些灾害，对皇帝给予惩罚。古代统治者很会利用符瑞现象达成其一定的政治目的，宣扬其统治的合法性。符瑞是古代帝王、君主立国、诞生、执政等得到天命的凭证，所以有人编造各种符瑞，如“武王有白鱼赤乌之佑”（《论衡·语赠》）。汉高祖刘邦为显示其身份的高贵，是受天之命，也有一定的祥瑞现象降及其身，“高祖有断大蛇老妪哭于道之瑞……高祖又逃吕后于泽中。吕后辄见上有云气之验”（《汉书·郊祀志》）。

汉代帝王获得符瑞之后不但要诏告天下，彰显自己的政治能力，通常还要进行宗庙祭祀，感谢神灵的庇护。汉明帝就将高瑞呈于宗庙进行祭祀，明帝十七年五月戊子，“公卿百官以帝威德怀远，祥物显应，乃并集朝堂，奉觞上寿制曰：‘天生神物，以应王者，远人慕化，实由有德。朕以虚薄，何以享斯？唯高祖、光武圣德所被，不敢有辞。其敬举觞，太常择吉日策告宗庙’”（《后汉书·显宗孝明帝纪》）。

汉武帝时期出现了很多符瑞现象，汉武帝作歌并进行祭祀，《汉书·武帝纪》载：“元狩元年冬十月，行幸雍，祠五畤。获白麟，作《白麟之歌》”；“六月，得宝鼎后土祠旁。秋，马生渥洼水中。作《宝鼎》、《天马》之歌。”；“甘泉宫内中产芝，九茎连叶。上帝博临，不异下房，赐朕弘休。其赦天下，赐云阳都百户牛酒。作《芝房之歌》。”；太初四年春，“贰师将军广利斩大宛王首，获汗血马来。作《西极天马之

---

① 费振刚、仇仲谦、刘南平校注：《全汉赋校注》，广东教育出版社，2005，第 254 页。

② ［日］安居香山、［日］中村璋八辑：《纬书集成》，河北人民出版社，1994，第 371 页。

歌》”；太始三年，“二月，令天下大酺五日。行幸东海，获赤雁，作《朱雁之歌》”。上述是为一些符瑞现象所作的歌，后来被列入汉代《郊祀歌》之中，《郊祀歌》中关于符瑞的主要有《天马》《景星》《齐房》《朝陇首》《象载瑜》《赤蛟》等篇用于郊天祭祀。这些符瑞现象的出现证明了帝王统治的合理性和权威性，为实现汉武帝大一统的政治目的提供了有利的理论依据。

汉《郊祀歌》不但具有宗教意义，同时也具有深远的文化意义。透过《郊祀歌》我们可以窥见汉代人的思想、文化、生活等诸多方面的信息。

第二节 《安世房中歌》文化考察

汉代在建国之初，宗庙祭祀乐歌基本沿袭了秦人的礼制。“汉兴，乐家有制氏，以雅乐声律世世在大乐官，但能纪其铿铃鼓舞，而不能言其义。高祖时，叔孙通因秦乐人制宗庙乐。大祝迎神于庙门，奏《嘉至》，犹古降神之乐也。皇帝入庙门，奏《永至》，以为行步之节，犹古《采荠》《肆夏》也。乾豆上，奏《登歌》，独上歌，不以管弦乱人声，欲在位者徧闻之，犹古《清庙》之歌也。《登歌》再终，下奏《休成》之乐，美神明既飨也。皇帝就酒东厢，坐定，奏《永安》之乐，美礼已成也。”后又有《房中祠乐》，为高祖的唐山夫人所作，汉惠帝时更名为《安世乐》。“周有《房中乐》，至秦名曰《寿人》。凡乐，乐其所生，礼不忘本。高祖乐楚声，故《房中乐》楚声也。孝惠二年，使乐府令夏侯宽备其箫管，更名曰《安世乐》。”[①]根据《汉书·礼乐志》，可知《安世房中歌》和叔孙通所作的五章宗庙雅乐同为祭祀典礼之用。按班固的记载，可知《房中乐》始于周，至秦名曰《寿人》。《周礼·磬师》曰：“教缦乐燕乐之钟磬。”郑玄注：“燕乐，房中之乐。”《磬师》曰：“凡祭祀饗食，奏燕乐”“凡祭祀宾客，舞其燕乐”。清代孙诒让《周礼正义》注曰：“燕乐用二《南》，即乡乐，亦即房中之乐。盖乡人用之谓之乡乐；后、夫人用之谓之房中之乐；王之燕居用之谓之燕乐，名异而实同。”[②]可知《房中乐》又名《燕乐》。燕乐有两种用途：一是用来祭祀饗食之用；二是招待宾客娱乐之用。《安世房中歌》较先秦宗庙祭祀乐歌已有很多的不同。

一、内容与形式的创新

“宗庙乐者，《虞书》所谓琴瑟以咏，祖考来格。《诗》云：‘肃雍和鸣’，先祖是听也。”[③]先秦时期统治者对祖先的祭祀是出于对祖先的崇拜，上古三代以至神话传说时期都有祖先崇拜的例子，表现在诗歌中最具代表性的当属《诗经》雅颂诗关于祖先的部分。如《大雅》中的《生民》《公刘》《绵》《皇矣》《大明》，《商颂》中的

---

① （汉）班固撰，（唐）颜师古注：《汉书》，中华书局，2007，第1043页。

② （清）孙诒让：《周礼正义》，中华书局，1987，第1882－1883页。

③ （宋）郭茂倩编：《乐府诗集》，人民文学出版社，2009，第1页。

《玄鸟》。宗庙祭歌一方面要彰显祖先的尊贵，赞扬祖先的功绩；另一方面以此神化其祖先神，使其统治具有一种合法地位，进而进一步宣扬帝统的合法性和至高无上。《安世房中歌》继承了先秦雅乐的宗庙祭祀诗篇，因此它在艺术形式上和商周雅颂有着一些共同之点，沿用了《诗经》的四言句式。谢榛《诗家直说》说它"格韵高严，规模简古，骎骎乎商周之颂"[①]。沈德潜在《古诗源》中也说它"古奥中带和平之音，不肤不庸，有典有则，是西京极大文字"[②]。这主要表现在内容上继承先秦儒家传统的一面和语言的整饬与典雅，以及由此形成的雍容平和的风格上。如："我定历数，人告其身。勅身斋戒，施教申申。乃立祖庙，大矣孝熙，四极爰轃。"[③]

虽然《安世房中歌》在艺术形式上对先秦时期的雅颂有所继承，但在诗歌内容上与先秦用于宗庙祭祀的雅颂又有很多的不同。《安世房中歌》在内容上并没有像《诗经》雅颂中那样歌颂、宣扬祖先的功德以及神化祖先的身份，而是颂扬汉高祖的赫赫功绩和他是天生之德以及汉代的大一统是天下民心所向往的。"王侯秉德……皇帝孝德。竟全大功抚安四极。"[④]"冯冯翼翼，承天之则。""孔容之常，成帝之名。""大海荡荡水所归，高贤愉愉民所怀。"[⑤]它要宣扬的是汉代统治者如何体现上天的意志，从客观上也是汉代人对国家出现大一统局面的赞美。

《安世房中歌》与楚辞也有一定的联系，郑文认为《安世房中歌》"使用的语言，近乎楚国先代的钟鼎铭文和《三百篇》的《雅》《颂》，既与《楚辞》有异，也与楚歌有别，也许由于讴歌汉德，称颂汉政，不得不用这样端庄郑重的词汇，以显示皇家的尊严"[⑥]。《文心雕龙·时序》云说："爰自汉室，迄至成帝，虽世渐百龄，辞人九变，而大抵所归，祖述《楚辞》，灵均余影，于是乎在。"作为祭祀用的《安世房中歌》也深受楚文化的影响，《汉书·礼乐志》云："凡乐，乐其所生，礼不忘本。高祖乐楚声，故《房中乐》楚声也。孝惠二年，使乐府令夏侯宽备其箫管，更名曰《安世乐》。"萧涤非在《汉魏六朝乐府文学史》中认为："三言句《诗经》中已有之，然无全篇，未成一体。楚辞则绝无独立之三言句，惟具有蜕化为三言句之可能性。故今传世三言诗之入乐者，不得不首推《安世房中歌》，而其渊源则《山鬼》《国殇》是也。"[⑦]并举例加以论证，颇为有据。"雷震震，电耀耀"就是化用《山鬼》中的"雷填填兮雨冥冥，猿啾啾兮狖夜鸣"，这种楚辞体的运用使得《安世房中歌》具有浓厚的楚地风味，这可以说是其重要的一个艺术特色。

---

① 吴文治主编：《明诗话全编》，江苏古籍出版社，1997，第3118页。
② （清）沈德潜：《古诗源》，中华书局，1977，第38页。
③ （汉）班固撰，（唐）颜师古注：《汉书》，中华书局，2007，第1047页。
④ 同上。
⑤ 同上书，第1048页。
⑥ 郑文：《汉诗研究》，甘肃民族出版社，1994，第31页。
⑦ 萧涤非：《汉魏六朝乐府文学史》，人民文学出版社，2011，第37页。

二、以孝德治天下的理念

《安世房中歌》表面是用于宗庙祭祀的乐歌，实质上是汉初统治者借助神学来推行道德教化的一个重要工具。《宋书·礼乐志》载："侍中缪袭又奏：'《安世哥》本汉时哥名。今诗哥非往诗之文，则宜变改。案《周礼》注云：《安世乐》，犹周《房中之乐》也。是以往昔议者，以《房中》哥后妃之德，所以风天下，正夫妇。'"明代徐祯卿《谈艺录》曰："先王协之于宫徵，被之于簧弦，奏之于郊社，颂之于宗庙，歌之于宴会，讽之于房中。盖以之可以格天地，感鬼神，畅风教，通世情。此古诗之大约也。汉祚鸿朗，文章作新，《安世》楚声，温纯厚雅，孝武乐府，壮丽宏奇。缙绅先生，咸从附作。虽规迹古风，各怀剞劂。美哉歌咏，汉德雍扬，可为《雅》《颂》之嗣也。"

与先秦宗庙祀歌相比，《安世房中歌》虽为宗庙祭祀歌却无祖先身影，弱化了祖先的功绩。古人宗庙祭祀，返本报祖，对祖先进行歌颂和怀念，同时也有着强烈的伦理道德教化意义，因此古人非常重视祖先祭祀，历代帝王在宗庙祭祀的同时也不忘对其政治教化作用进行发挥和利用。在宗庙颂歌中赞扬祖先身份的高贵，团结民众，使人民臣服是一个重要的方面。如《生民》篇赞扬后稷出身的高贵乃是上帝所赐："厥初生民，时维江嫄。生民如之何？克禋克祀，以弗无子，履帝武敏歆。"①商人始祖同样也身份高贵，"天命玄鸟，降而生商"。而且他们治理天下是上天所命令的，"古帝命武汤，正域彼四方"②。而汉高祖刘邦出身卑微，汉代离上古时期甚远，人民思想已经开化进步无法再编制出那样神奇的故事，于是就有了这样神奇的传说："高祖有断大蛇、老妪哭于道之瑞……高祖又逃吕后于泽中，吕后辄见上有云气之验。"③以此来托显汉高祖身份的高贵。先秦宗庙祭祀的颂歌是赞扬祖德，对祖先功绩和德行的赞美。刘邦出身卑微，没法强调家族身份的尊贵，因此《安世房中歌》也无法像雅颂那样去赞美汉代帝王祖先的身份高贵。

自古祖先宗庙祭祀也是考虑孝道的一个重要标准。"祭者，所以追养继孝也。孝者畜也。顺于道不逆于伦，是之谓畜。是故，孝子之事亲也，有三道焉：生则养，没则丧，丧毕则祭。养则观其顺也，丧则观其哀也，祭则观其敬而时也。尽此三道者，孝子之行也。""祭者，孝之本也已。"（《礼记·祭统》）祭祀的主旨一个重要的体现就是培养人的孝道，孝是祭祀的根本目的。

《安世房中歌》在思想上除了祭祀的作用之外，其最大的特点是具有强烈的伦理教化作用。是汉代以孝治天下思想的重要表现。"汉初，社会秩序十分混乱，为建立新的社会秩序，汉代统治者在各方面都做了一定的努力。秦朝以法治天下，为

---

① 程俊英：《诗经译注》，上海古籍出版社，2009，第 436 页。

② 同上书，第 564 页。

③ （汉）王充著，张宗祥校注，郑绍昌校点：《论衡校注》，上海古籍出版社，2013，第 157 页。

了避免重蹈秦朝灭亡的覆辙，汉代更注重伦理教化的作用，强调以儒家思想的德、孝治天下。”[1]《孝经》是汉代统治者的必读之书，汉代统治者把《孝经》作为培养太子的教科书，同时学校教育也把孝道放在首位，统治者也十分注重养老活动，汉高祖西入关中时，就曾“存问父老，置酒”[2]，文帝时已经有相关的养老政策：“有司请令县道，年八十以上，赐米人月一石，肉二十斤，酒五斗。其九十以上，又赐帛人二匹，絮三斤。”[3]随着汉武帝“罢黜百家，独尊儒术”的政策的实行，儒学地位得以提高，重用儒生。《论语》作为儒家的一部重要经典，得到了封建统治者们的青睐，成为君主理政、选人，臣下对策、议政的依据。大臣陆贾就十分喜好运用《论语》的句子为其言论做立据。同时，《论语》在教育领域也确立了自己的地位和影响。《论语》中有很多进语句也是宣扬孝道的，如《学而篇》曰：“其为人也孝弟，而好犯上者，鲜矣；不好犯上，而好作乱者，未之有也。君子务本，本立而道生。孝弟也者，其为仁之本与！”“弟子入则孝，出则弟，谨而信，泛爱众，而亲仁。”想必当时孝道应该是受到人们喜爱的。沈德潜云：“首云大孝备矣，以下反反复复，屡称孝德，汉朝数百年家法，自此开出。累代庙号，首冠以‘孝’，有以也。”[4]《安世房中歌》正是君主宣传以孝、以德治天下的具体表现。在《安世房中歌》十七章中，“孝”字出现了六次。现列举如下：

大孝备矣，休德昭清。（一章）
大矣孝熙，四极爰轃。（三章）
清明鬯矣，皇帝孝德。（四章）
孝奏天仪，若日月光。（十章）
孝道随世，我署文章。（十章）
乌呼孝哉，案抚戎国。（十二章）

《安世房中歌》十七章，旨在歌颂高帝以孝治天下，并能承天意而施德于民，安抚四方，使民安居乐业。《安世房中歌》体现出“以德治国”思想的萌芽。在《安世房中歌》十七章中，“德”字出现十四次之多。列举如下：

大孝备矣，休德昭清。（一章）
王侯秉德，其邻翼翼。（四章）

---

① 张影：《两汉祭祀文化与两汉文学》，中国社会科学出版社，2017，第 82 页。
② （汉）班固撰，（唐）颜师古注：《汉书》，中华书局，2007，第 45 页。
③ 同上书，第 113 页。
④ （清）沈德潜：《古诗源》，中华书局，1963 ，第 38 页。

清明鬯矣,皇帝孝德。(四章)
诏抚成师,武臣承德。(五章)
民何贵,贵有德。(六章)
大莫大,成教德。(八章)
明德乡,治本约。(九章)
德施大,世曼寿。(九章)
慈惠所爱,美若休德。(十一章)
告灵既飨,德音孔臧。(十三章)
惟德之臧,建侯之常。(十三章)
皇皇鸿明,荡侯休德。(十四章)
浚则师德,下民咸殖。(十五章)
承帝明德,师象山则。(十七章)

《安世房中歌》突出宣扬“孝”“德”,说明汉高祖刘邦已开始接受儒家以孝、以德治国的理念而摒弃法家以严刑酷法治国的理念,认为孝、德是治理天下、安抚四夷的根本。《安世房中歌》也体现了汉代帝王的治国理念向儒家礼教的转变。同时,《安世房中歌》还宣扬汉代帝王的功绩,天下所归,大一统的治国思想。如“大海荡荡水所归,高贤愉愉民所怀”以大一统的观念教化人民,使国家实现自上而下的民族向心力和团结感。“大莫大,成教德。长莫长,被无极”“施德大,世曼寿”。

附录 A 安世房中歌

《安世房中歌》原名为《房中祠乐》,汉高祖唐山夫人作所。据《汉书·礼乐志》载:"周有《房中乐》,至秦名曰《寿人》。凡乐,乐其所生,礼不忘本。高祖乐楚声,故《房中乐》楚声也。孝惠二年,使乐府令夏侯宽备其箫管,更名曰《安世乐》"

元·陈仁子辑《文选补遗》卷三十四《乐歌上》云:"旧名《房中》,后改《安世》。元城云:'西汉《房中乐》十七章,可齐三代,骎骎乎商周之《颂》。一时佐命功臣,下至叔孙辈,皆不能为,乃高帝姬唐山夫人作竹竿载驰方之陋矣'。"

其一

大孝备矣,休德昭清。高张四县①,乐充宫廷。芬树羽林,云景杳冥。② 金支秀华,庶旄翠旌。③

其二

《七始》《华始》,肃倡和声。④ 神来宴娭,庶几是听。⑤ 鬻鬻音送,细齐人情。⑥ 忽乘青玄,熙事备成。⑦ 清思眑眑,经纬冥冥⑧。

---

① 四县。按《汉书·礼乐志》晋灼曰:"四县,乐四县也,天子宫县。"颜师古曰:"谓设宫县而高张之。县,古悬字。"

② "芬树羽林,云景杳冥"句。按《汉书·礼乐志》颜师古曰:"言所树羽葆,其盛若林,芬然众多,仰视高远,如云日之杳冥也。"

③ "金支秀华,庶旄翠旌"句。按《汉书·礼乐志》张晏曰:"金支,百二十支。秀华,中主有华艳也。旄,钟之旄也。"文颖曰:"析羽为旄,翠羽为之也。"臣瓒曰:"乐上众饰,有流遡羽葆,以黄金为支,其首敷散,若草木之秀华也。"颜师古曰:"金支秀华,瓒说是也。庶,众也。庶旄翠旌,谓析五采羽,注翠旄之首为旌耳。"

④ "《七始》《华始》,肃倡和声"句。按《汉书·礼乐志》孟康曰:"《七始》,天地四时人之始。《华始》,万物英华之始也。以为乐名,如六英也。"颜师古曰:"肃,敬也。言歌者敬而倡谐和之声。"

⑤ "神来晏娭,庶几是听"句。按《汉书·礼乐志》颜师古曰:"娭,戏也。言庶几神老宴戏听此乐也。娭,音许其反。"

⑥ "鬻鬻音送,细齐人情"句。按《汉书·礼乐志》晋灼曰:"鬻鬻,敬惧貌也。细,微也。以乐送神,微感人情,使之齐肃也。"颜师古曰:"鬻,音弋六反。"

⑦ "忽乘青玄,熙事备成"句。按《汉书·礼乐志》颜师古曰:"言还神礼毕,忽登青天而去,福熙之事皆备成也。熙,与禧同。"

⑧ 眑眑;经纬。按《汉书·礼乐志》苏林曰:"眑,音窈。"颜师古曰:"眑眑,幽静也。经纬谓经纬天地。"

其三

我定历数，人告其心。[①] 敕身齐戒[②]，施教申申。乃立祖庙，敬明尊亲。大矣孝熙，四极爰輳[③]！

其四

王侯秉德，其邻翼翼[④]。显明昭式，清明鬯[⑤]矣。皇帝孝德，竟全大功，抚安四极。

其五

海内有奸[⑥]，纷乱东北。诏抚成师[⑦]，武臣承德。行乐交逆，《箫》《勺》群慝[⑧]。肃为济哉，盖定燕国[⑨]

其六

大海荡荡水所归，高贤愉愉民所怀。[⑩] 大山崔，百卉殖。民何贵？贵有德。[⑪]

---

① "我定历数，人告其心"句。按《汉书·礼乐志》颜师古曰："言臣下各竭其心，致诚慤也。"

② 敕；齐。按《汉书·礼乐志》应劭曰："敕，谨敬之貌。"颜师古曰："齐，读曰斋。"

③ 熙；四极；輳。按《汉书·礼乐志》颜师古曰："熙，亦福也。四极，四方极远之处也。"《尔雅》曰："东至于泰远，西至于邠国，南至于濮铅，北至于祝栗，谓之四极。""邠，音彬。輳字与臻同。"

④ 邻；翼翼。按《汉书·礼乐志》颜师古曰："邻，言德不孤必有邻。翼翼，恭敬也。"

⑤ 鬯。按《汉书·礼乐志》颜师古曰："鬯，古畅字。畅，通也。"

⑥ 奸。按《汉书·礼乐志》颜师古曰："谓匈奴。"

⑦ 成师。按《汉书·礼乐志》颜师古曰："成师，言各置(郊)(部)校，师出以律也。《春秋左氏传》曰：'成师以出。'"

⑧ 箫勺；慝。按《汉书·礼乐志》晋灼曰："箫，舜乐也。勺，周乐也。言以乐征伐也。"颜师古曰："言制定新乐，教化流行，则逆乱之徒尽交欢也。慝，恶也。勺，读曰'酌'。"

⑨ 《箫》《勺》；慝。按《汉书·礼乐志》晋灼曰："《箫》，舜乐也。《勺》，周乐也。言以乐征伐也。"颜师古曰："言制定新乐，教化流行，则逆乱之徒尽交欢也。慝，恶也。勺，读曰酌。"

⑩ "大海荡荡水所归，高贤愉愉民所怀"句。按《汉书·礼乐志》李奇曰："愉愉，怿也。"颜师古曰："荡荡，广大也。愉愉，和乐貌也。怀，思也。言海以广大之故，众水归之；王者当有和乐之德，则人皆思附也。"

⑪ "大山崔，百卉殖。民何贵？贵有德"句。按《汉书·礼乐志》颜师古曰："言大山以崔嵬之故，能生养百卉；明君以崇高其德，故为万姓所尊也。崔，音才回反。"

其七

安其所，乐终产[①]；乐终产，世继绪[②]。飞龙秋[③]，游上天。高贤愉，乐民人。[④]

其八

丰草葽，女罗[⑤]施。善何如，谁能回！[⑥] 大莫大，成教德；长莫长，被[⑦]无极。

其九

雷震震，电耀耀。明德乡，治本约。[⑧] 治本约，泽弘大。[⑨] 加被宠，咸相保。[⑩] 德施大，世曼[⑪]寿。

其十

都荔遂芳，窅窊桂华[⑫]。孝奏天仪，若日月光[⑬]。乘玄四龙，回驰北行。羽旄殷盛，芬哉芒芒[⑭]。孝道随世，我署[⑮]文章。

---

① “安其所，乐于产”句。按《汉书·礼乐志》颜师古曰：“万物安其所，而乐终其生也。”

② “乐于产，世继绪”句。按《汉书·礼乐志》颜师古曰：“言传祚无穷。”

③ 龙秋。按《汉书·礼乐志》苏林曰：“秋，飞貌也。”颜师古曰：“《庄子》有秋驾之法者，亦言驾马腾骧，秋秋然也。扬雄赋曰‘秋秋跄跄入西园’，其义亦同。读者不晓秋义，或改此秋字为秫稷之秫，失之远矣。”

④ “高贤愉，乐民人”句。按《汉书·礼乐志》颜师古曰：“言王者有愉愉之德，故使众人皆安乐。”

⑤ 葽；女罗。按《汉书·礼乐志》孟康曰：“葽，音‘四月秀葽’。葽，盛貌也。”应劭曰：“女罗，罗兔丝也，延于松柏之上。异类而犹载之，况同姓，言族亲不可不覆遇也。”

⑥ “善何如，谁能回”句。按《汉书·礼乐志》颜师古曰：“回，乱也。言至德之善，上古帝皇皆不如之，而不可干乱。”

⑦ 被。按《汉书·礼乐志》颜师古曰：“被，音皮义反。”

⑧ “雷震震，电耀耀。明德乡，治本约”句。按《汉书·礼乐志》服虔曰：“与臣民之约。”颜师古曰：“鄉，方也。言王者之威，取象雷电，明示德义之方，而治政本之约。约，读要。”

⑨ “治本约，泽弘大”句。按《汉书·礼乐志》颜师古曰：“政教有常，则恩惠溥洽。”

⑩ “加被宠，咸相保”句。按《汉书·礼乐志》颜师古曰：“言德政所加，人被宠渥，则室家老幼皆相保也。”

⑪ 曼。按《汉书·礼乐志》颜师古曰：“曼，延也。”

⑫ “窅窊桂华”句。按《汉书·礼乐志》苏林曰：“窅音窊胅之窊。窊音窊下之窊”孟康曰：“窅，出；窊，入。都良薜荔之香鼓动桂华也。”晋灼曰：“桂华似殿名，次下言‘桂华冯冯翼翼，承天之则’言树词香草以絜齐芳气，乃达于宫殿也。”臣瓒曰：“《茂陵中书》歌《都孋》《桂花》《美芳》《鼓行》如此復不得为殿名。”颜师古曰：“诸家说皆未尽也。此言都良薜荔俱有芬芳，桂华之形窅窊，窊然也。皆谓神恭所有耳。窅音一校反。窊音一瓜反。”

⑬ “孝奏天仪，若日月光”句。按《汉书·礼乐志》颜师古曰：“言以孝道进承于天，天神下降，故有光。”

⑭ 芬；芒芒。按《汉书·礼乐志》颜师古曰：“芬，亦谓众多。芒芒，光远之貌。”

⑮ 署。按《汉书·礼乐志》颜师古曰：“署，犹分部也，一曰表也。”

其十一

冯冯翼翼[1]，承天之则。吾易久远[2]，烛明四极。慈惠所爱，美若休[3]德。杳杳冥冥，克绰[4]永福。

其十二

硙硙即即，师象山则。[5] 呜呼孝哉！案抚戎国。蛮夷竭欢，象来致福[6]。兼临[7]是爱，终无兵革。

其十三

嘉荐芳矣，告灵飨矣。告灵既飨，德音孔臧。[8] 惟德之臧，建侯之常。承保天休，令问不忘。[9]

其十四

皇皇鸿明，荡侯休德[10]。嘉承天和，伊[11]乐厥福。在乐不荒，惟民之则[12]。

其十五

浚则师德，下民咸殖。令问在旧，孔容翼翼。[13]

① 冯冯；翼翼。按《汉书·礼乐志》颜师古曰："冯冯，盛满也。翼翼，众貌也。"

② 易；久远。按《汉书·礼乐志》晋灼曰："易，疆易也。久，固也。武帝自言拓境广远安固也。"颜师古曰："此说非也。久犹长也，自言疆易远大耳，非武帝时也，不得云拓境。"

③ 若；休。按《汉书·礼乐志》颜师古曰："若，顺也。休，亦美也。"

④ 绰。按《汉书·礼乐志》颜师古曰："绰，缓也，亦谓延长也。"

⑤ "硙硙即即，师象山则"句。按《汉书·礼乐志》颜师古曰："硙，音五回反。"孟康曰："硙硙，崇积也。即即，充实也。师，众也。则，法也。积实之盛众类于山。"

⑥ "象来致福"句。按《汉书·礼乐志》李奇曰："象，译也。蛮夷遣(择)(译)致福贡也。"

⑦ 兼临。按《汉书·礼乐志》颜师古曰："兼临，言在上位者普包容也。"

⑧ 飨；孔；臧。按《汉书·礼乐志》颜师古曰："飨字合韵皆音'郷'。孔，甚也。臧，善也。"

⑨ 建侯；休；令；问。按《汉书·礼乐志》颜师古曰："建侯，封建诸侯也。《易·屯卦》曰：'利建侯。'休，美也。令，善也。问，名也。"

⑩ 侯；休德。按《汉书·礼乐志》服虔曰："侯，惟也。"臣瓒曰："天下荡平，惟帝之休德。"

⑪ 伊。按《汉书·礼乐志》颜师古曰："伊，是也。"

⑫ 则。按《汉书·礼乐志》颜师古曰："则，法也。"

⑬ 此章，按《汉书·礼乐志》颜师古曰："浚，深也。则，法也。师，众也。殖，生也。旧，久也。翼翼，敬也。言有深法众德，故能生育群黎，久有善名，其容甚敬也。"

其十六

孔容之常,承帝[①]之明。下民之乐,子孙保光[②]。承顺温良,受帝之光。嘉荐令芳,寿考不忘[③]。

其十七

承帝明德,师象山则[④]。云施称民[⑤],永受厥福。承容之常,承帝之明。下民安乐,受福无疆[⑥]!

① 帝。按《汉书·礼乐志》颜师古曰:"帝谓天也。下皆类此。"

② "子孙保光"句。按《汉书·礼乐志》颜师古曰:"言永保其光宠也。"

③ 不忘。按《汉书·礼乐志》颜师古曰:"不忘,言长久也。"

④ "师象山则"句。按《汉书·礼乐志》颜师古曰:"众象山而为法,言不骞不崩。"

⑤ "云施称民"句。按《汉书·礼乐志》颜师古曰:"言称物平施,其泽如云也。称,音尺孕反。"

⑥ 疆。按《汉书·礼乐志》颜师古曰:"疆,竟也。"

附录B 郊 祀 歌

据《汉书·礼乐志》,汉武帝定郊祀之礼,以李延年为协律都尉,命司马相如等数十人作诗赋,略论律吕,以合八音之调,作十九章之歌。

练 时 日①

元·陈仁子辑《文选补遗》卷三十四《乐歌上》云:“乐歌上并载祀神之歌前乎,屈原九歌后乎,昌黎南海庙,柳宗元庙,东坡韩文公庙皆此歌也。愚曰此乐歌也,自汉武立乐府采诗谣乐府之名立,本非直指乐歌为乐府也,今姑以乐歌称。”

练②时日,侯有望,焫膋萧③,延四方④。
九重⑤开,灵之斿,垂惠恩,鸿祜休⑥。
灵之车,结玄云,驾飞龙,羽旄纷⑦。
灵之下,若风马⑧,左苍龙,右白虎句⑨。
灵之来,神哉沛⑩,先以雨⑪,般裔裔⑫。

---

① 练时日。《乐府正义》卷一“练时日”条云:“此诗叙以虞神乐者。”

② 练。按《汉书·礼乐志》颜师古曰:“练,选也。”

③ “焫膋萧”句。按《汉书·礼乐志》颜师古曰:“以萧焫脂合馨香也。膋,音来雕反。焫,音人说反。”元·陈仁子辑《文选补遗》卷三十四《乐歌上》云:“焫与爇同。膋,来雕反,肠间脂也,萧,香蒿也,古以萧焫脂合馨香,延四方之神。”

④ 四方。清·秦蕙田撰《五礼通考》卷六《吉礼六》:“四方,四方之神也。”

⑤ 九重。按《汉书·礼乐志》颜师古曰:“天有九重,言皆开门而来降厥福。”

⑥ 鸿;祜;休。按《汉书·礼乐志》颜师古曰:“鸿,大也。祜,福也。休,美也。”明·冯惟讷撰《古诗纪》卷十五《汉第五·乐府古辞·郊庙歌辞·汉郊祀歌十九首》云:“祜,音怙。”

⑦ 纷。按《汉书·礼乐志》颜师古曰:“纷纷,言其多。”

⑧ “若风马”句。按《汉书·礼乐志》颜师古曰:“言速疾也。”

⑨ “左苍龙,右白虎”句。按《汉书·礼乐志》颜师古曰:“以为卫。”

⑩ 沛。按《汉书·礼乐志》颜师古曰:“沛,疾貌,音补盖反。”

⑪ “先以雨”句。按《汉书·礼乐志》颜师古曰:“先以雨,言神欲行,令雨先驱也。”

⑫ “般裔裔”句。按《汉书·礼乐志》颜师古曰:“般,读与班同。班,布也。裔裔,飞流之貌。”

灵之至，庆阴阴①，相放怫②，震澹③心。
灵已坐，五音饬④，虞⑤至旦，承灵亿⑥。
牲茧栗⑦，粢盛香，尊桂酒⑧，宾八乡⑨。
灵安留，吟青黄⑩，遍观此，眺瑶堂⑪。
众嫭⑫并，绰奇丽，颜如荼⑬，兆逐靡⑭。
被华文，厕雾縠⑮，曳阿锡⑯，佩珠玉。
侠嘉夜⑰，茝⑱兰芳，澹容与⑲，献嘉觞。

---

① “庆阴阴”句。按《汉书·礼乐志》颜师古曰：“言垂阴覆徧于下。”

② 放怫。按《汉书·礼乐志》颜师古曰：“放怫，犹髣髴也，澹，动也。放，音昉。怫，音沸。”

③ 澹。按《汉书·礼乐志》颜师古曰：“澹，音大滥反。”

④ 饬。按《汉书·礼乐志》颜师古曰：“饬，读与敕同，谓整也。”

⑤ 虞。按《汉书·礼乐志》颜师古曰：“虞，乐也。”

⑥ 亿。按《汉书·礼乐志》颜师古曰：“亿，安也。”

⑦ 茧栗。按《汉书·礼乐志》颜师古曰：“茧栗，言角之小如茧及栗之形也。”

⑧ “尊桂酒”句。按《汉书·礼乐志》晋灼曰：“尊，大尊也。”应劭曰：“桂酒，切桂置酒中也。”元帝时大宰丞李元记云：“以水渍桂，为大尊酒。”元·陈仁子辑《文选补遗》卷三十四《乐歌上》曰：“茧栗角之小也，以水渍桂为大尊酒。”

⑨ 八乡。按《汉书·礼乐志》颜师古曰：“八方之神。”

⑩ “吟青黄”句。按《汉书·礼乐志》服虔曰：“吟，音含。”颜师古曰：“服说非也。吟，谓歌诵也。青黄，谓四时之乐也。”

⑪ “眺瑶堂”句。按《汉书·礼乐志》应劭曰：“眺，望也。瑶，石而似玉者也。”颜师古曰：“以瑶饰堂。瑶，音遥。”

⑫ 嫭。按《汉书·礼乐志》孟康曰：“嫭音互。嫭，好也。”如淳曰：“嫭，美目貌。”晋灼曰：“嫭，音坼罅之罅。”颜师古曰：“孟说是也。谓供神女乐，并好丽也。”

⑬ 荼。按《汉书·礼乐志》应劭曰：“荼，野菅白华也，言此奇丽，白如荼也。”颜师古曰：“菅，茅也，言美女颜貌如荼荼之柔也。荼者，今俗所谓蒹锥也。荼，音途。菅，音奸。靡，合韵音武义反。”

⑭ “兆逐靡”句。按《汉书·礼乐志》孟康曰：“兆逐靡者，兆民逐观而猗靡也。”

⑮ “厕雾縠”句。按《汉书·礼乐志》颜师古曰：“厕，杂也。雾縠，言其轻细如云雾也。”

⑯ 阿锡。按《汉书·礼乐志》如淳曰：“阿，细缯。锡，细布也。”

⑰ “侠嘉夜”句。按《汉书·礼乐志》颜师古曰：“侠，与挟同，言怀挟芳草也。”如淳曰：“佳、侠，皆美人之称也。嘉夜，芳草也。”

⑱ 茝。按《汉书·礼乐志》颜师古曰：“茝，即今白芷。茝，音昌改反。”

⑲ “澹容与”句。按《汉书·礼乐志》颜师古曰：“澹，安也。容与，言闲舒也。澹，音大滥反。”

帝临

明·梅鼎祚编《古乐苑》卷一《郊庙歌辞》引:“张晏云:‘此后土之歌也。土数五,故称数以五坤为母,故称媪土色黄,故称上黄。’刘攽云:‘帝指武帝改服色尚黄,数用五,富媪者由汉以土德王也。’按青阳四歌则后土当在中坛,张说是矣。”《汉书补注》云:“此祀中央黄帝歌。”

帝临中坛①,四方承宇②,绳绳③意变,备得其所。清和六合,制数以五④。海内安宁,兴文匽⑤武。后土富媪⑥,昭明三光。穆穆优游。嘉服上黄⑦。

---

① 中坛。按《汉书·礼乐志》颜师古曰:“言天神尊者来降中坛。坛字,或作禮,读亦曰坛。字加示者,神灵之耳。”元·陈仁子辑《文选补遗》卷三十四《乐歌上》云:“颜缘中坛,故疑是祠祭,但以堂坛论中央耳。”

② 承宇。按《汉书·礼乐志》颜师古曰:“四方之神各承其宇也。”

③ 绳绳。按《汉书·礼乐志》应劭曰:“绳绳,谨敬更正意也。”孟康曰:“众多也。”臣瓒曰:“《尔雅》曰:‘绳绳,戒也’。”

④ 以五。按《汉书·礼乐志》张晏曰:“此后土之歌也。土数五。”元·陈仁子辑《文选补遗》卷三十四《乐歌上》云:“刘曰:‘帝,指天子,后,言制数以五,即谓武帝改服色,尚黄,数用五也。’言后王富媪者,由汉以土德也。”

⑤ 匽。按《汉书·礼乐志》颜师古曰:“匽,古偃字。”

⑥ 富媪。按《汉书·礼乐志》张晏曰:“媪,老母称也。坤为母,故称媪。海内安定,富媪之功耳。”元·陈仁子辑《文选补遗》卷三十四《乐歌上》云“言后王富媪者,由汉以土德也。”

⑦ 上黄。按《汉书·礼乐志》孟康曰:“土色上黄也。”

青　阳[1]

邹子乐

《后汉书·祭祀志》:“立春之日,迎春于东郊,祭青帝句芒。车旗服饰皆青。歌《青阳》,八佾舞《云翘》之舞。”《乐府原》云:“此祭东皇之词也。”

《史记·乐书》曰:“春歌《青阳》,夏歌《朱明》,秋歌《西颢》,冬歌《玄冥》四首。”

青阳开动,根荄[2]以遂,膏润并[3]爱,跂行[4]毕逮[5]。霆声发荣,壛处顷听[6],枯槁[7]复产,乃成厥命。众庶熙熙,施及夭胎[8],群生啿啿,惟春之祺[9]。

---

① 青阳。《尸子·卷上》:“春为青阳,夏为朱明,秋为白藏,冬为玄英。”《尔雅·释天》:“春为青阳。”

② 根荄。按《汉书·礼乐志》颜师古曰:“草根曰荄。遂者,言皆生出也。荄,音该。”

③ 并。按《汉书·礼乐志》颜师古曰:“并,兼也。”

④ 跂行。按《汉书·礼乐志》孟康曰:“跂,音岐。”颜师古曰:“凡有足而行者,称跂行也。”

⑤ 逮。按《汉书·礼乐志》颜师古曰:“逮,及也。”

⑥ 壛;顷。按《汉书·礼乐志》晋灼曰:“壛,穴也。谓蛰虫惊听也。”颜师古曰:“壛,与岩同。言雷霆始发,草木舒荣,则蛰虫处岩崖者,莫不顷听而起。顷,读曰倾。”

⑦ 枯槁。按《汉书·礼乐志》颜师古曰:“枯槁,谓草木经冬零落者也。槁,音古老反。”

⑧ 熙熙;施;夭胎。按《汉书·礼乐志》颜师古曰:“熙熙,和乐貌也。”“施,延也。施,音弋鼓反。”“少长曰夭,在孕曰胎。夭,音乌老反。”

⑨ 啿啿;祺。按《汉书·礼乐志》服虔曰:“啿,‘湛湛露斯’。”如淳曰:“祺,福也。”颜师古曰:“啿啿,丰厚之貌也,音徒感反。祺,音其。”

朱　明[1]

邹子乐

《后汉书·祭祀志》:"立夏之日,迎夏于南郊,祭赤帝祝融。车旗服饰皆赤,歌《朱明》,八佾舞《云翘》之舞。"

朱明盛长,旉与[2]万物,桐生茂豫,靡有所诎[3]。
敷华就实,既阜既昌[4],登成甫田,百鬼迪尝[5]。
广大建祀,肃雍不忘,神若宥[6]之,传世无疆。

---

① 朱明。按《汉书·礼乐志》臣瓒曰:"夏为朱明。"《尔雅·释天》:"夏为朱明。"

② 旉与。按《汉书·礼乐志》颜师古曰:"旉,古敷字也。旉与,言开舒也。与,音弋于。"

③ "桐生茂豫,靡有所诎"句。按《汉书·礼乐志》颜师古曰:"桐,读为通。茂豫,美盛而光悦也。言草木皆通达而生,美悦光泽,各无所诎,皆申遂也。诎,音丘物反。"

④ "敷华就实,既阜既昌"句。按《汉书·礼乐志》颜师古曰:"敷,布也。就,成也。阜,大也。昌,盛也。"

⑤ "登成甫田,百鬼迪尝"句。按《汉书·礼乐志》颜师古曰:"甫田,大田也。百鬼,百神也。迪,进也。尝谓歆飨之也,言此粢盛,皆因大田而登成,进于所祀,而为百神所歆飨也。迪,音大历反。"

⑥ 若宥。按《汉书·礼乐志》颜师古曰:"若,善也。宥,佑也。"

西　　颢

邹子乐

《后汉书·祭祀志》:“立秋之日,迎秋于西郊,祭白帝蓐收。车旗服饰皆白。歌《西皓》,八佾舞《育命》之舞。”《乐府广序》云:“《西颢》,秋歌也。”

西颢沆砀①,秋气肃杀,含秀垂颖,续旧不废②。
奸伪不萌,妖孽伏息,隅辟越远,四貉咸服③。
既畏兹威,惟慕纯德④,附而不骄,正心翊翊。

① “西颢沆砀”句。按《汉书·礼乐志》韦昭曰:“西颢,西方少昊也。”颜师古曰:“沆,音胡浪反。砀,音荡。沆砀,白气之貌也。”《乐府正义》卷一:“西颢,祀西方白帝也。”

② “含秀垂颖,续旧不废”句。《汉书·礼乐志》云:“五谷百草,秀颖而实,皆因旧苗,无费绝也。不荣而实曰秀,叶末曰颖。废,合韵,音废。”

③ “隅辟越远,四貉咸服”句。按《汉书·礼乐志》颜师古曰:“辟,读僻。貉,音莫客反。四貉,犹言四夷。”

④ “惟慕纯德”句。按《汉书·礼乐志》颜师古曰:“纯,大也。言畏威怀德,皆来宾附,无敢骄怠,尽虔敬。”

玄　冥[1]

邹子乐

《后汉书·祭祀志》云:"立冬之日,迎冬于北郊,祭黑帝玄冥。车旗服饰皆黑。歌《玄冥》,八佾舞《育命》之舞。"《乐府广序》云:"《玄冥》,冬哥也。"

玄冥陵阴,蛰虫盖臧,屮木零落,抵冬降霜[2]。
易乱除邪,革正异俗[3],兆民反本,抱素怀朴。
条[4]理信义,望礼五岳,籍敛[5]之时,掩收嘉谷。

---

① 玄冥。按《汉书·礼乐志》颜师古曰:"玄冥,北方之神也。"《礼记·月令》:"(孟冬、仲冬、季冬之月)其帝颛顼,其神玄冥。"

② "草木零落,抵冬降霜"句。按《汉书·礼乐志》颜师古曰:"屮,古草字。"孟康曰:"抵,至也,至冬而降霜,音底。"

③ "易乱除邪,革正异俗"句。按《汉书·礼乐志》颜师古曰:"易,变;革,改也。"

④ 条。按《汉书·礼乐志》颜师古曰:"条,分也,畅也。"

⑤ 籍敛。按《汉书·礼乐志》颜师古曰:"籍敛,谓收籍田也。"

惟 泰 元

《乐府原》云:“此泰乙之祠所谓总统百神者也。建始元年,丞相匡衡奏改鸾辂龙鳞四字为涓选休成。”《乐府广序》云:“惟泰元,武帝祠泰一之乐也。继统以下,王者法天地之德武功,并寓于此。”

惟泰元尊,媪神蕃釐①,经纬天地,作成四时。
精建日月,星辰度理,阴阳五行,周而复始。
云风雷电,降甘露雨,百姓蕃滋②,咸循厥绪③。
继统共勤,顺皇之德④,鸾路龙鳞⑤,罔不肸饰⑥。
嘉笾列陈,庶几宴享⑦,灭除⑧凶灾,烈腾八荒。
钟鼓竽笙,云舞翔翔,招摇灵旗,九夷宾将。⑨

---

① “惟泰元尊,媪神蕃厘”句。按《汉书·礼乐志》李奇曰:“元尊,天也。媪神,地也。祭天燔燎,祭地瘗埋也。”颜师古曰:“李说非也。泰元,天也。藩,多也。厘,福也。言天神至尊,而地神多福也。蕃,音扶元反。厘,读曰禧。”

② 蕃滋。按《汉书·礼乐志》颜师古曰:“蕃,多也。滋,益也。”

③ “咸循厥绪”句。按《汉书·礼乐志》颜师古曰:“循,顺也。绪,业也。”

④ “继统共勤,顺皇之德”句。按《汉书·礼乐志》颜师古曰:“共,读恭。皇,皇天也。此言天子继承祖统,恭勤为心而顺天也。”

⑤ “鸾路龙鳞”句。《汉书·礼乐志》曰:“建始元年,丞相匡衡奏罢‘鸾路龙鳞’,更定诗曰‘涓选休成’。”

⑥ “罔不肸饰”句。按《汉书·礼乐志》苏林曰:“肸,音塈,涂之塈。塈,饰也。”颜师古曰:“罔,无也。肸,振也。谓皆振整而饰之也。肸,音许乙反。”

⑦ “嘉笾列陈,庶几宴享”句。按《汉书·礼乐志》颜师古曰:“嘉笾,谓祭祀之笾实也。木曰豆,竹曰笾。享字合韵宜(因)(音)鄉。”

⑧ 除。按《汉书·礼乐志》臣瓒曰:“涓,除也。除恶选取美成者也。”

⑨ “钟鼓竽笙,云舞翔翔,招摇灵旗,九夷宾将”句。按《汉书·礼乐志》颜师古曰:“尽招摇于旗以征伐,故谓灵旗。将,犹从也。”

天　地

秦蕙田撰《五礼通考》卷六《吉礼六》云："案《郊祀志》衡言：甘泉，泰畤紫坛，有文章采镂黼黻之饰，及玉女乐石坛，仙人祠瘗鸾路，骍驹寓龙马，不能得其象于古，宜皆勿修，故改去诗中'鸾路龙鳞'句为'涓选休成'，又改去'黼绣周张'句为'肃若旧典'。旧本误置下章之首，见馆阁校本。虽正其失而以为衡诗衹记其首句，则亦考之未详也。"《汉书·礼乐志》曰："丞相匡衡奏罢'黼绣周张'，更定诗曰'肃若旧典'。"《乐府广序》云："《天地》，虞太一而登歌也。"

天地并况①，惟予有慕，爰熙紫坛，思求厥路②。
恭承禋祀，缊③豫为纷，黼④绣周张，承神至尊。
千童罗舞成八溢⑤，合好效欢虞⑥泰一。
九歌毕奏斐然殊，鸣琴竽瑟会轩朱⑦。
璆磬金鼓，灵其有喜⑧，百官济济，各敬厥事。
盛牲实俎进闻膏，⑨神奄留，临须摇。⑩
长丽前掞光耀明，⑪寒暑不忒况皇章。⑫

---

① 况。按《汉书·礼乐志》颜师古曰："况，赐也。"

② "爰熙紫坛，思求厥路"句。按《汉书·礼乐志》颜师古曰："熙，兴也。紫坛，坛紫色也。思求降神之路也。"

③ 缊。按《汉书·礼乐志》颜师古曰："缊，于粉反。"孟康曰："积聚修饰，为此纷华也。"

④ 黼。按《汉书·礼乐志》颜师古曰："白与黑画为斧形，谓之黼。"

⑤ 溢。按《汉书·礼乐志》颜师古曰："溢，与佾同。"

⑥ 虞。按《汉书·礼乐志》颜师古曰："虞，与娱同。"

⑦ 轩朱。清·秦蕙田撰《五礼通考》卷六《吉礼六》云："轩朱，即朱轩也。"

⑧ 璆；喜。按《汉书·礼乐志》颜师古曰："璆，美玉名，以为磬也。喜，合韵音许吏反。"

⑨ "盛牲实俎进闻膏"句。按《汉书·礼乐志》颜师古曰："言以牲实俎，以萧焫脂，则其芬馨达于神所，故曰盛牲实俎进闻膏。"

⑩ 奄；须摇。按《汉书·礼乐志》颜师古曰："奄，读淹。"晋灼曰："须摇，须臾也。"

⑪ "长丽前掞光耀明"句。按《汉书·礼乐志》孟康曰："欲令神宿留，言日虽暮，长更星在前扶助。常有光明也。掞，或作扶。"臣瓒曰："长丽，灵鸟也。故相如赋曰：'前长丽而后矞皇。'旧说曰鸾也。"张衡《思玄赋》亦曰："前长丽使拂羽。"晋灼曰："掞，即光炎字也。"颜师古曰："晋、瓒而说是也。丽，音离。掞，音艳。"

⑫ "寒暑不忒况皇章"句。按《汉书·礼乐志》晋灼曰："况，赐也。皇，君也。章，明也。言长更星终始不改其光，神永以此明赐君也。"臣瓒曰："忒，差也。寒暑不差，言阴阳和也，以此赐君，章贤德也。"颜师古曰："瓒说是也。"

展诗应律鋗[1]玉鸣,函宫吐角激徵清[2]。
发梁扬羽申以商,造兹新音永久长。
声气远条凤鸟鶂[3],神夕奄虞盖孔享。

---

① 鋗。按《汉书·礼乐志》晋灼曰:“鋗,鸣玉声也。”颜师古曰:“鋗,音火玄反。”

② “函宫吐角激徵清”句。按《汉书·礼乐志》晋灼曰:“下有‘梁黄鼓员四人’,似新造音乐者姓名也。”颜师古曰:“晋说非也。自函宫吐角以下,总言五声之备耳。申,重也。发梁,歌声绕梁也。函,与含同。”

③ 条;鶂。按《汉书·礼乐志》颜师古曰:“条,达也。鶂,古翔字。”

日 出 入

《乐府广序》云:“日出入,郊之祭日也。”

日出入安穷? 时世不与人同。①
故春非我春,夏非我夏,秋非我秋,冬非我冬。
泊如四海之池,遍观是邪谓何②?
吾知所乐,独乐六龙③,
六龙之调,使我心若。
訾黄④其何不徕下!

① 此句按《汉书·礼乐志》晋灼曰:“日月无穷,而人命有终,世长而寿短。”

② 此句按《汉书·礼乐志》晋灼曰:“言人寿不能安固四海,遍观是,乃知命甚促。谓何,常如之何也。”颜师古曰:“泊,水貌也,音步各反,又音魄。”

③ 六龙。按《汉书·礼乐志》应劭曰:“《易》曰:‘时乘六龙以御天。’武帝愿乘六龙,仙而升天,曰:‘吾所乐独乘六龙然,御六龙得其调,使我心若。’”

④ 訾黄。按《汉书·礼乐志》应劭曰:“訾黄一名乘黄,龙翼而马身,黄帝乘之而仙。武帝意欲得之,曰:‘何不来耶?’”颜师古曰:“訾,嗟叹之辞也。黄,乘黄也。叹乘黄不来下也。訾,音资。”

天马

《汉书·武帝纪》曰:"元鼎四年秋,马生渥洼水中,作《天马之歌》。""太初四年春,贰师将军李广利,斩大宛王首,获汗血宝马,作《西极天马之歌》。"《礼乐志》曰:"《天马歌》,元狩三年,马生渥洼水中作。"李斐曰:"南阳新野,有暴利长,武帝时遭刑,屯田燉煌界。数于渥洼水旁,见群野马,中有奇者,与凡马异,来饮此水。利长先作土人,持勒靽于水旁。后马玩习。久之,代土人持勒靽,收得其马,献之。欲神异之,云从水中出也。"《西域传》曰:"大宛国多善马,马汗血,言其先,天马子也。"应劭云:"大宛有天马种,蹄蹋石汗血。蹋石者,谓蹋石而有迹,言其蹄坚利。汗血者,谓汗从前肩髆出,如血。号一日千里也。"《张骞传》曰:"汉武帝初发书《易》曰:'神马当从西北来。'得乌孙马,好,名曰天马。及得宛马,汗血,益壮,更名乌孙马曰西极马,宛马曰天马云。"按《史记·乐书》称"武帝伐大宛。得千里马,名蒲梢。作歌曰:'天马来兮从西极,经万里兮归有德。承灵威兮降外国,涉流沙兮四夷服。'"与此不同。

《天马》明·冯惟讷《诗纪》又作《天马歌》《西极天马歌》,明·刘节《广文选》又作《蒲梢天马歌》。

(元狩三年马生渥洼水中作)
太一况,天马下①,沾赤汗,沫流赭②。
志俶傥,精权奇,籋浮云,晻上驰③。
体容与,迣④万里,今安匹,龙为友⑤。

(太初四年诛宛王獲宛马作)
天马徕,从西极,涉流沙,九夷服⑥。
天马徕,出泉水,虎脊两,化若鬼⑦。
天马徕,历无草,径千里,循东道⑧。

---

① "太一况,天马下"句。按《汉书·礼乐志》颜师古曰:"言此天马乃太一所赐,故来下也。"

② "沾赤汗,沫流赭"句。按《汉书·礼乐志》应劭曰:"大宛马汉血霑濡也,流沫如赭也。"李奇曰:"沬,音靧面之靧。"晋灼曰:"沬,古靧字也。"颜师古曰:"沬、沫两通。沬者,言被面如颒也,字从水傍午未之未,音呼内 。沫者,言汗流沫出也,字从水傍本末之末,音亦如之。然今书字多作沫面之沫也。"

③ 籋浮;晻。按《汉书·礼乐志》苏林曰:"籋,音蹑,言天马上蹑浮云也。"颜师古曰:"晻,音乌感反。言晻然而上驰。"

④ 迣。按《汉书·礼乐志》孟康曰:"迣,音逝。"如淳曰:"迣,超踰也。"晋灼曰:"古迾字。"颜师古曰:"孟音非也。迣读与厉同,言能厉渡万里也。"

⑤ "今安匹,龙为友"句。按《汉书·礼乐志》颜师古曰:"言今更无与匹者,唯龙可为之友耳。"

⑥ "天马徕"句。按《汉书·礼乐志》颜师古曰:"言九夷皆服,故此马远来也。徕,古往来字也。"

⑦ "虎脊两,化若鬼"句。按《汉书·礼乐志》应劭曰:"马毛色如虎脊(者)有两也。"颜师古曰:"言其变化若鬼神。"

⑧ "天马徕,历无草。径千里,循东道"句。按《汉书·礼乐志》张晏曰:"马从西极而来东也。"颜师古曰:"言马从西来,经行碛卤之地,无草者,(几)(凡)千里而至东道。"

天马徕，执徐时[1]，将摇举，谁与期[2]？
天马徕，开远门，竦予身，逝昆仑[3]。
天马徕，龙之媒[4]，游阊阖[5]，观玉台。

① “天马徕，执徐时”句。按《汉书·礼乐志》应劭曰：“太岁在辰曰执徐。言得天马时岁在辰也。”孟康曰：“东方震为龙，又青龙宿。言以其方来也。”颜师古曰：“应说是也。”

② 遥。按《汉书·礼乐志》如淳曰：“遥，远也。摇或作‘遥’。”颜师古曰：“如说非也。言当奋摇高举，不可与期也。”

③ “天马徕，开远门。竦予身，逝昆仑”句。按《汉书·礼乐志》应劭曰：“言天马虽去人远，当豫开门以待之也。”文颖曰：“言武帝好仙，常庶几天马来，当乘之往发昆仑也。”颜师古曰：“文说是也。”

④ “天马徕，龙之媒”句。按《汉书·礼乐志》应劭曰：“言天马者乃神龙之类，今天马已来，此龙必至之效也。”

⑤ 阊阖。按《汉书·礼乐志》应劭曰：“阊阖，天门。玉台，上帝之所居。”

天门

《乐府原》云:"《星经》有天门二星在左角南平星之北,天子待朝聘宾客之所,其星明,谓之天门开,则四夷归化无烽警。不见则兵革起、关津不通、四方阻绝,此诗是祭天门之乐章。"

天门开,詄①荡荡,穆并骋,以临飨②。
光夜烛,德信著③,灵寖(平而)鸿,长生豫④。
大朱涂广,夷石为⑤堂。饰玉梢以舞歌,体招摇若永望⑥。
星留俞,塞陨光⑦,照紫幄,珠熉黄⑧。
幡比翄回集,贰双飞常羊⑨。
月穆穆以金波,日华耀以宣明。⑩
假清风轧忽,激长至重觞⑪。神裴回若留放,殣冀亲以肆章。⑫
函蒙祉福常若期⑬,寂漻上天知厥时⑭。

---

① 詄。按《汉书·礼乐志》如淳曰:"詄读如迭。詄荡荡,天体坚清之状也。"颜师古曰:"詄,音大结反。"

② "穆并骋,以临飨"句。按《汉书·礼乐志》颜师古曰:"言众神穆然方驾驰而临祠祭。"

③ "光夜烛,德信著"句。按《汉书·礼乐志》颜师古曰:"神光夜照,应诚而来,是德信著明。"

④ "灵寖平而鸿,长生豫"句。按《汉书·礼乐志》颜师古曰:"神灵德泽所浸,溥博无私,其福甚大,故我得长生之道而安豫也。"

⑤ "太朱涂广,夷石为堂"句。按《汉书·礼乐志》颜师古曰:"涂,道路也。夷,平也。言通神之路,饰以朱丹,又甚广大。平夷密石,累以为堂。"

⑥ "饰玉梢以舞歌,体招摇若永望"句。按《汉书·礼乐志》颜师古曰:"梢,竿也,舞者所持。玉梢,以玉饰之也。招摇,申动之貌。永,长也。梢,音交所反。招音韶。望,合韵音亡。"

⑦ "星留俞,塞陨光"句。按《汉书·礼乐志》颜师古曰:"俞,答也。言众星留神,答我飨荐,降其光耀,四面充塞也。俞,音踰。"

⑧ "照紫幄,珠熉黄"句。按《汉书·礼乐志》颜师古曰:"紫幄,飨神之幄也。账上四下而覆曰幄。言光照紫幄,故其珠色熉然而发黄也。"如淳曰:"熉,音殒,黄貌也。"

⑨ "幡比翄回集,贰双飞常羊"句。按《汉书·礼乐志》文颖曰:"舞者骨腾肉飞,如鸟之回翅而双集也。"颜师古曰:"常羊,犹逍遥也。"

⑩ "月穆穆以金波,日华耀以宣明"句。按《汉书·礼乐志》颜师古曰:"言月光穆穆,若金之流波也。宣,便也。"

⑪ 轧忽;重觞。按《汉书·礼乐志》颜师古曰:"轧忽,长远貌之貌也。重觞,谓累献也。"

⑫ "神裵回若留放,殣冀亲以肆章"句。按《汉书·礼乐志》颜师古曰:"言神灵裴回,留而不去,我得觐见,冀以亲附而陈诚意,遂章明之。"孟康曰:"殣,言觐。"

⑬ "函蒙祉福常若期"句。按《汉书·礼乐志》颜师古曰:"函,包也。蒙,被也。言为神所飨,故能包涵蒙被,祉福应诚而至,有常期也。"

⑭ "寂漻上天知厥时"句。按《汉书·礼乐志》应劭曰:"漻,音来朝反。言虽寂寥高远,而知我飨荐之时也。"

泛泛滇滇从高斿①，殷勤此路胪所求②。
佻③正嘉吉弘以昌，休嘉砰隐④溢四方。
专精厉意逝九阂⑤，纷云六幕⑥浮大海。

① “泛泛滇滇从高斿”句。按《汉书·礼乐志》应劭曰：“泛泛，上浮之意也。滇滇，盛貌也。”晋灼曰：“滇音（振旅阗阗）。”颜师古曰：“滇，音徒千反。”

② “殷勤此路胪所求”句。按《汉书·礼乐志》应劭曰：“胪，陈也。言所以殷勤此路，乃欲陈所求也。”颜师古曰：“胪，音力于反。”

③ 佻。按《汉书·礼乐志》如淳曰：“佻，读曰肇。肇，始也。”

④ 休；嘉；砰隐。按《汉书·礼乐志》颜师古曰：“休，美也。嘉，庆也。砰，音普萌反。砰隐，盛意。”

⑤ 阂。按《汉书·礼乐志》如淳曰：“阂亦陔也。《淮南子》曰若士者谓卢敖曰：‘吾与汗漫期乎九陔之上。’陔，重也。谓九天之上也。”颜师古曰：“阂，合韵音改，又音亥。”

⑥ 纷云；六幕。按《汉书·礼乐志》颜师古曰：“纷云，兴作之貌。六幕，犹言六合也。”

景　星

元鼎五年得鼎汾阴作

一曰《宝鼎歌》。《汉书·武帝纪》曰:"元鼎四年夏六月,得宝鼎后土祠旁。作《宝鼎之歌》。"《礼乐志》曰:"《景星》,元鼎五年,得鼎汾阴作。"如淳曰:"景星者,德星也。见无常,常出有道之国。"《乐府广序》云:"景星,元鼎五年汾阴得鼎作也。按元封二年郊雍五帝,还拜祝太一,亦有德星昭衍之文,故为神鼎之瑞,夫神不可度。"

景星显见,信星彪列①,象载昭庭,日亲以察②。
参侔开阖,爰推本纪③,汾脽出鼎,皇祐元始④。
五音六律,依韦飨昭⑤,杂变并会,雅声远姚⑥。
空桑⑦琴瑟结信成,四兴递代八风生⑧。
殷殷⑨钟石羽籥鸣。河龙供鲤醇牺牲⑩。
百末旨⑪酒布兰生,泰尊柘浆析朝酲⑫。

---

① 景星;信星。按《汉书·礼乐志》如淳曰:"景星者,德星也,常出有道之国。镇星为信星,居国益地。"颜师古曰:"谓彰著而为行列也。"

② "象载昭庭,日亲以察"句。按《汉书·礼乐志》颜师古曰:"象,谓县象也。载,事也。县象秘事,昭显于庭,日来亲近,甚明察也。"

③ "参侔开阖,爰推本纪"句。按《汉书·礼乐志》应劭曰:"参,三也。言景星光明开阖,乃三于日月也。"晋灼曰:"侔,等也。开阖,犹开闭也。言今之鼎瑞。参等于上世。"颜师古曰:"晋说是也。"

④ 脽;皇;祐。按《汉书·礼乐志》颜师古曰:"脽,音谁。皇,大也。祐,音怙。祐,福也。"

⑤ "依韦飨昭"句。按《汉书·礼乐志》颜师古曰:"依韦,谐和不相乖离也。飨,读曰响。昭,明也,言飨之明也。"

⑥ 姚。按《汉书·礼乐志》颜师古曰:"姚,僄姚,言飞扬也。"

⑦ 空桑。按《汉书·礼乐志》张晏曰:"传曰:'空桑为为瑟,一弹三叹。'祭天质故也。"颜师古曰:"空桑,地名也,出善木,可为琴瑟也。"

⑧ "四兴迭代八风生"句。按《汉书·礼乐志》应劭曰:"四时迭八代成阴阳,八风以生也。"臣瓒曰:"舞者四县代奏也"句。《左氏传》曰:'夫舞者,所以节八音而行八风'也。"颜师古曰:"瓒说是也。八方之风,谓东北曰条风,东方曰明庶风,东南曰清明风,南方曰景风,西南曰凉风,西方曰阊阖风,西北不周风,北方曰广莫风。"

⑨ 殷殷。按《汉书·礼乐志》颜师古曰:"殷殷,声盛也。石谓磬也。羽籥,韶舞所持者也。殷,音隐。"

⑩ 河龙;供鲤;醇;牺牲。按《汉书·礼乐志》晋灼曰:"河龙,夏之所赐者也。供鲤,给厨祭也。"颜师古曰:"醇,谓色不杂也。牺牲,牛羊全体者也。"

⑪ 百末;旨。按《汉书·礼乐志》张晏曰:"百末,末作之末也。"晋灼曰:"百日之末酒也,芬香布列,若兰之生也。"颜师古曰:"百末,百草华之末也。旨,美也。以百草华末杂酒,故香且美也。事见《春秋繁露》。"

⑫ "柘浆析朝酲"句。按《汉书·礼乐志》应劭曰:"柘浆,取甘柘汁以为饮也。酲,病酒也。析,解也。言柘浆可以解朝酲也。"

微感心攸通修名①,周流常羊思所并②。
穰穰复正直往甯③,冯蠵④切和疏写平。
上天布施后土成,穰穰丰年四时荣。

① “微感心攸通修名”句。按《汉书·礼乐志》颜师古曰:“言精微所应,其心悠远,故得通达成长久之名。”

② “周流常羊思所并”句。按《汉书·礼乐志》颜师古曰:“周流,犹周行也。常羊,犹逍遥也。思所并,思与神道合也,下言合所思是也。”

③ “穰穰复正直往甯”句。按《汉书·礼乐志》颜师古曰:“穰穰,多也。复,犹归也。直,当也。甯,愿也。言获福既多,归于正道,克当往日所愿也。复,音扶目反,甯,合韵音‘宁’。”

④ 冯;蠵。按《汉书·礼乐志》晋灼曰:“冯,冯夷,河伯也。蠵,觜蠵,龟属也。”颜师古曰:“言冯夷命灵蠵,使切厉谐和水神,令之疏导川潦,写散平均,无灾害也,蠵,音弋随 ,又音携。”

齐 房[1]

元狩二年芝生甘泉齐房作

一曰《芝房歌》。《汉书·武帝纪》曰:"元封二年夏六月,甘泉宫内中产芝,九茎连叶,作《芝房之歌》。"应劭云:"芝,芝草也。其叶相连。"《瑞应图》云:"王者敬事耆老,不失旧故,则芝草生。""内中,谓后庭之室也。"故诏书曰"上帝溥临,不异下房,赐朕弘休"是也。《礼乐志》曰:"《齐房》,元封二年,芝生甘泉齐房作。"

齐房产草,九茎连叶。
宫童效异,披图案谍。[2]
玄气之精,回复此都。[3]
蔓蔓[4]日茂,芝成灵华。

---

① 齐房。按《汉书·礼乐志》颜师古曰:"齐,读曰斋。其下并同。"

② "宫童效异,披图案谍"句。按《汉书·礼乐志》臣瓒曰:"宫之童竖,致此异瑞也。"谍,苏林曰:"谱弟之也。"

③ "玄气之精,回复此都"句。按《汉书·礼乐志》颜师古曰:"玄,天也。言天气之精,回旋反复于此云阳之都,谓甘泉也。"

④ 蔓蔓。按《汉书·礼乐志》颜师古曰:"蔓蔓,言其长久,日以茂盛也。"

后　　皇

《乐府原》云:"后皇者,因外国之宾服以祠后土之辞。武帝立后土祠汾阴脽上,其辞曰:后皇嘉坛以下是也。"《乐府广序》云:"后皇,天子祭后土于汾阴之乐也。元鼎四年,立后土祠语汾阴,因戒助祭臣工之诗,是时候王牧伯及四□君长,咸在骏奔,示之以无外之规如此。即商之封建厥福,周之式序在位也,晋灼解,犹为汾鼎佐颂者误。"

后皇嘉坛①,立玄黄服②,物发冀州③,兆蒙祉福。
沇沇四塞,假狄合处④,经营万亿,成遂厥宇⑤。

① 坛。按《汉书·礼乐志》颜师古曰:"坛,祭坛也。"

② 服。按《汉书·礼乐志》颜师古曰:"服,祭服也。"

③ "物发冀州"句。按《汉书·礼乐志》晋灼曰:"得宝鼎于汾阴也。"臣瓒曰:"汾阴属冀州。"

④ "沇沇四塞,假狄合处"句。按《汉书·礼乐志》孟康曰:"沇,音兖。"颜师古曰:"沇沇,流行之貌也。假狄,远夷也。合处,内附也。假,即遐字耳,其字从彳。彳,音丑益反。"

⑤ 此句按《汉书·礼乐志》颜师古曰:"宇,居也。言我经营万方亿兆,故得咸遂其居。"

华 烨 烨

《乐府原》云："此因齐房生芝，汾阴得鼎，合以祀神之乐章也。首云'华烨烨，固灵根'，言芝也；末云'沛施佑，汾之阿。扬金光，横泰河'，言鼎也。"《乐府广序》云："华烨烨，郊太一后土，祝厘之所通歌也。一曰：齐房生芝，汾阴得鼎，祀神者合歌之。"

华烨烨，固灵根。
神之斿，过天门，车千乘，敦①昆仑。
神之出，排玉房，周流杂，拔②兰堂。
神之行，旌容容，骑沓沓，般纵纵③。
神之徕，泛翊翊④，甘露降，庆云⑤集。
神之揄，临坛宇⑥，九疑宾，夔龙舞⑦。
神安坐，鴹吉时⑧，共翊翊⑨，合所思。
神嘉虞⑩，申贰觞⑪，福滂洋⑫，迈延长。
沛⑬施祐，汾之阿⑭扬金光，横泰河⑮，莽⑯若云，增阳波。
徧胪驩，腾天歌⑰。

---

① 敦。按《汉书·礼乐志》颜师古曰："敦，读曰屯。屯，聚也。"

② 拔。按《汉书·礼乐志》颜师古曰："拔，舍止也，音步曷反。"

③ 容容；沓沓；般；纵纵。按《汉书·礼乐志》颜师古曰："容容，飞扬之 。沓沓，疾行也。般，相连也。纵纵，众也。容，音勇，纵，音总。一曰读如本字，纵，音才公反。"孟康曰："纵，音总。"晋灼曰："纵，人相从勇作恶。"

④ 翊翊。按《汉书·礼乐志》颜师古曰："翊，音弋入反，又音'立'。"

⑤ 庆云。按《汉书·礼乐志》如淳曰："《天文志》云'若烟非烟，云飞云，郁郁纷纷，是谓庆云。'"

⑥ "神之揄，临坛宇"句。按《汉书·礼乐志》颜师古曰："揄，引也。坛宇，谓及祠坛场及宫室。言神引来降临之也。揄，音踰。"

⑦ "九疑宾，夔龙舞"句。按《汉书·礼乐志》如淳曰："九疑，舜所葬。言以舜为宾客也。夔典乐，龙管纳言，皆随舜而来，舞以乐神。"

⑧ "神安坐，鴹吉时"句。按《汉书·礼乐志》颜师古曰："鴹，古翔字也。言神安坐回翔，皆趣吉时也。"

⑨ 共；翊翊。按《汉书·礼乐志》颜师古曰："共，读曰恭。翊翊，敬也。"

⑩ 虞。按《汉书·礼乐志》颜师古曰："虞，乐也。"

⑪ 贰觞。按《汉书·礼乐志》颜师古曰："贰觞，犹重觞也。"

⑫ 滂洋。按《汉书·礼乐志》颜师古曰："滂洋，饶广也。滂，音普郎反。洋，音羊，又音'祥'。"

⑬ 沛。按《汉书·礼乐志》颜师古曰："沛，音普大。沛然泛貌也。"

⑭ 阿。按《汉书·礼乐志》颜师古曰："阿，水之曲隅。"

⑮ "横泰河"句。按《汉书·礼乐志》颜师古曰："横，充满也。泰河，大河也。"

⑯ 莽。《汉书·礼乐志》云："莽，云貌。言光明之盛，莽莽然如云也。"

⑰ "徧胪驩，腾天歌"句。按《汉书·礼乐志》颜师古曰："胪，陈也。腾，升也。言陈其欢庆，令歌上升于天。"

五　神

《乐府原》云:“武帝既祠太一,以为五帝太一之佐,故以五帝环居太一之下,各如其方。前郊祀维泰元一章即太一之神,而五神为五帝也。”《乐府广序》云:“五神,五帝祝厘之歌也。”

五神相,包四邻①,土地广,扬浮云。
扢嘉坛,椒兰芳②,璧玉精,垂华光③。
益亿年,美始兴④,交于神,若有承⑤。
广宣延,咸毕觞⑥,灵舆位,偃蹇骧⑦。
卉汩胪,析奚(道)〔遗〕?⑧ 淫渌泽,洼然归。⑨

---

① “五神相,包四邻”句。按《汉书·礼乐志》如淳曰:“五帝为太一相也。”颜师古曰:“包,含也。四邻,四方。”

② “扢嘉坛,椒兰芳”句。按《汉书·礼乐志》孟康曰:“扢,摩也。”颜师古曰:“扢,音公忽 。谓摩拭其坛,加以椒兰之芳。”

③ “璧玉精,垂华光”句。按《汉书·礼乐志》颜师古曰:“言礼神之璧乃玉之精英,故有光华也。”

④ “益亿年,美始兴”句。按《汉书·礼乐志》颜师古曰:“言福庆方兴也。”

⑤ “交于神,若有承”句。按《汉书·礼乐志》颜师古曰:“言神来降福,故尽其肃然。”

⑥ “广宣延,咸毕觞”句。按《汉书·礼乐志》颜师古曰:“言偏延诸神,咸歆祭祀,毕尽觞爵也。”

⑦ “灵舆位,偃蹇骧”句。按《汉书·礼乐志》颜师古曰:“神既毕飨,则严驾灵舆,引其侍从之位偃蹇高骧也。蹇,音居偃反。”

⑧ “卉汩胪,析奚(道)〔遗〕”句。按《汉书·礼乐志》颜师古曰:“卉汩,疾意也。胪,陈也。析,分也。奚,何也。言速自陈列分散而归,无所留也。汩,音于笔反。”

⑨ “淫渌泽,汪然归”句。按《汉书·礼乐志》颜师古曰:“淫,久也。渌泽,泽名。言我飨神之后。久在渌泽。乃洼然而归也。渌,音绿。洼,音乌黄反。”

朝 陇 首

元狩元年行幸雍获白麟作

一曰《白麟歌》。《汉书·武帝纪》曰:“元狩元年冬十月,行幸雍,获白麟,作《白麟之歌》。”颜师古云:“麟,麋身,牛尾,马足,黄色,圆蹄,一角,角端有肉。”《乐府原》云:“元狩元年冬十月,行幸或白麟作白麟之歌,因作乐章以祀陇首之神也。陇在雍之西,入为蜀之首,于此获麟,故祀之。”

朝陇首,览西垠①,雷电尞②,获白麟。
爰五止③,显黄德,图匈虐,熏鬻殛④。
辟流离,抑不详⑤,宾百僚,山河飨⑥。
掩回辕,鬗⑦长驰,腾雨师,洒路陂⑧。
流星陨,感惟风,籋归云,抚怀心⑨。

---

① “朝陇首,览西垠”句。按《汉书·礼乐志》臣瓒曰:“谓朝于陇首而览西北也。”颜师古曰:“陇坻之首也。垠,厓也。坻,音丁礼反。”

② 电尞。按《汉书·礼乐志》臣瓒曰:“尞祭五畤,皆有报应,声若雷也。”颜师古曰:“尞,古燎字。”

③ 爰五止。按《汉书·礼乐志》颜师古曰:“爰,曰也,发语词也。止,足也。时白麟足有五蹏。”

④ 熏鬻殛。按《汉书·礼乐志》应劭曰:“熏鬻,匈奴本号也。”颜师古曰:“殛,穷也。一曰,殛,诛也,音居力反。”

⑤ “辟流离,抑不详”句。按《汉书·礼乐志》颜师古曰:“流离不得其所者,为开道路,使之安集。违道不详善者,则抑黜之,以申惩劝也。”

⑥ “宾百僚,山河飨”句。按《汉书·礼乐志》颜师古曰:“百僚,百神之官也。飨,合韵音郷。”

⑦ 鬗。按《汉书·礼乐志》如淳曰:“鬗,音樠。鬗鬗,长貌也。”颜师古曰:“音武元反。”

⑧ 洒路陂。按《汉书·礼乐志》颜师古曰:“洒,灑也。路陂,路傍也。言使雨师灑道也。洒,音灑,又音山鼓反。”

⑨ 籋;怀心。按《汉书·礼乐志》颜师古曰:“籋,音蹑。怀心,怀柔之心也。”

象载瑜

太史三年行幸东海获赤雁作

一曰《赤雁歌》。《汉书·礼乐志》曰："太始三年，行幸东海，获赤雁作。"《容斋随笔·容斋三笔》卷一云："按乐章词意正指瑞应车，言昭列于庭下耳。"《乐府原》云："题曰象载瑜者，言其行幸之时以南越玉璧以献诸海神。"此说法没有根据，有待考证。

象载瑜，白集西①，食甘露，饮荣泉②。
赤雁集，六纷员③，殊翁杂，五采文④。
神所见，施祉福，登蓬莱，结无极⑤。

---

① 此句按《汉书·礼乐志》服虔曰："象载，鸟名也。"颜师古曰："此说非也。象载，象舆也。山出象舆，瑞应车也。瑜，美貌也。言此瑞车瑜然色白而出西方也。西，合韵音先。"

② 此句按《汉书·礼乐志》颜师古曰："驾舆者之所饮食也。荣泉，言泉有光华。"元·陈仁子辑《文选补遗》卷三十四《乐歌上》刘攽曰："此诗四句先叙所见祥瑞之物也。白集西，阙之麟也。甘露、荣泉，天之所降，地之所出也。"

③ 此两句按《汉书·礼乐志》颜师古曰："言六者，所获赤雁之数也。纷员，多貌也。言西获象舆，东获赤雁，祥瑞多也。员，音云。"

④ 此两句按《汉书·礼乐志》孟康曰："翁，雁颈也。言其文采殊异也。"

⑤ 见；蓬莱；结。按《汉书·礼乐志》颜师古曰："见，显示也。蓬莱，神山也，在海中。结，成也。"

赤 蛟

《乐府原》云："此送神乐章也。言神之降临，乘螭蛟之绥偃黄华之盖而洋洋其来。"《乐府广序》云："赤蛟绥，送神之曲也。"

赤蛟绥，黄华盖①，露夜零，昼晻濭②。
百君③礼，六龙位，勺④椒浆，灵已醉。
灵既享，锡吉祥，芒芒⑤极，降嘉觞。
灵殷殷，烂扬光⑥，延寿命，永未央。
杳冥冥，塞六合，泽汪濊，辑万国⑦。
灵禗禗，象舆轙⑧，票然逝，旗逶蛇⑨。
礼乐成，灵将归，託玄德，长无衰⑩。

---

① 绥；黄华盖。按《汉书·礼乐志》颜师古曰："绥绥，赤蛟貌。黄华盖，言其上有黄气，状若盖也。"

② 晻濭。按《汉书·礼乐志》颜师古曰："晻，乌感反。濭，音蔼，晻濭云气之貌。"

③ 百君。按《汉书·礼乐志》颜师古曰："百君，亦谓百神也。"

④ 勺。按《汉书·礼乐志》颜师古曰："勺，读曰酌。"

⑤ 芒芒。按《汉书·礼乐志》颜师古曰："芒芒，广大貌，音莫郎反。"

⑥ 殷殷；烂。按《汉书·礼乐志》颜师古曰："殷，音隐。殷殷，盛也。烂，光貌。"

⑦ "塞六合，泽汪濊，辑万国"句。按《汉书·礼乐志》颜师古曰："塞，满也。天地四方谓之六合。濊，音于废反，又音乌外反。汪濊，言饶多也。辑，与集通。辑，和也。"

⑧ 灵禗禗，象舆轙。按《汉书·礼乐志》孟康曰："禗，音近枲，不安欲去也。轙，待也。"如淳曰："轙，仆人严驾待发之意也。"颜师古曰："禗，孟音是也。轙，如是说也。轙，音仪。"

⑨ 票然逝，旗逶蛇。按《汉书·礼乐志》颜师古曰："票，音匹遥反。票然，轻举意也。蛇，音'移'。逶蛇，旗貌也。"

⑩ "託玄德，长无衰"句。按《汉书·礼乐志》颜师古曰："言託恃天德，冀获长生，无衰竭也。"

参考文献

A. 古籍文献

[1]班固. 汉书[M]. 北京:中华书局,1962.

[2]刘向. 五经通义[M]//黄奭. 黄氏逸书考:第 26 册. 扬州:江苏广陵古籍刻印社,1983.

[3]司马迁. 史记[M]. 北京:中华书局,1982.

[4]荀悦,袁洪. 两汉纪[M]. 北京:中华书局,2005.

[5]许慎. 说文解字注[M]. 段玉裁,注. 浙江:浙江古籍出版社,2006.

[6]应劭. 风俗通义校注[M]. 王利器,校注. 北京:中华书局,1981.

[7]王符. 潜夫论笺[M]. 汪继培,笺. 北京:中华书局,1979.

[8]王充. 论衡校注[M]. 张宗祥,校注. 上海:上海古籍出版社,2013.

[9]王逸. 楚辞章句补注[M]. 洪兴祖,补注. 长春:吉林人民出版社,1999.

[10]范晔. 后汉书[M]. 北京:中华书局,1965.

[11]沈约. 宋书[M]. 北京:中华书局,1974.

[12]萧统. 文选[M]. 李善,注. 北京:中华书局,1981.

[13]杜佑. 通典[M]. 北京:中华书局,2003.

[14]欧阳询. 艺文类聚[M]. 汪绍楹,校. 上海:上海古籍出版社,1965.

[15]郭茂倩. 乐府诗集[M]. 北京:中华书局,2009.

[16]胡仔. 苕溪渔隐丛话后集[M]. 廖德明,校点. 北京:人民文学出版社,1962.

[17]王钦若. 册府元龟[M]. 北京:中华书局,1960.

[18]陈寿祺. 中国经学史基本丛书[M]. 上海:上海书店,2012.

[19]马国翰. 玉函山房辑佚书[M]. 上海:上海古籍出版社,1990.

[20]钱大昕. 十驾斋养新录[M]//钱大昕. 钱大昕全集. 南京:江苏古籍出版社,1998.

[21]秦蕙田. 五礼通考[M]//佚名. 景印文渊阁四库全书:第 139 册. 台北:台湾商务印书馆,1986.

[22]孙诒让. 周礼正义[M]. 北京:中华书局,1987.

[23]孙星衍. 汉官六种[M]. 北京:中华书局,1990.

[24]沈德潜. 古诗源[M]. 北京:中华书局,1977.
[25]苏舆. 春秋繁露义证[M]. 北京:中华书局,2007.
[26]严可均. 全上古三代秦汉三国六朝文[Z]. 北京:中华书局,1958.
[27]阮元. 十三经注疏[M]. 北京:中华书局,1957.
[28]赵翼. 陔余丛考[M]. 石家庄:河北人民出版社,1990.
[29]梁启超. 中国之美文及其历史[M]饮冰室合集:第 10 册. 北京:中华书局,1989.
[30]梁启超. 国史研究六篇[M]. 北京:中华书局,1947.
[31]安居香山,中村璋八. 纬书集成[Z]. 石家庄:河北人民出版社,1994.
[32]陈立. 白虎通疏证[M]. 吴则虞,点校. 北京:中华书局,1994.
[33]何宗鲁. 说苑校证[M]. 北京:中华书局,1987.
[34]刘盼遂. 论衡集解[M]. 北京:古籍出版社,1957.
[35]刘文典. 淮南鸿烈集解[M]. 冯逸,乔华,点校. 北京:中华书局,1989.
[36]逯钦立. 先秦汉魏晋南北朝诗[Z]. 北京:中华书局,1983.
[37]王利器. 盐铁论校注[M]. 北京:中华书局,1992.
[38]贾谊. 贾谊集校注[M]. 王洲明,徐超,校注. 北京:人民文学出版社,1996.
[39]刘珍. 东观汉记校注[M]. 吴树平,校注. 北京:中华书局,1987.
[40]刘向. 新序详注[M]. 赵仲邑,注. 北京:中华书局,1997.
[41]范晔. 八家后汉书辑注[M]. 周天游,辑注. 上海:上海古籍出版社,1986.
[42]费振刚,仇仲谦,刘南平. 全汉赋校注[M]. 广州:广东教育出版社,2005.

B. 现代论著

[43]涂尔干. 宗教生活的基本形式[M]. 上海:上海人民出版社,1999.
[44]曹胜高. 汉赋与汉代制度——以都城、校猎、礼仪为例[M]. 北京:北京大学出版,2006.
[45]曹书杰. 后稷传说与稷祀文化[M]. 北京:社会科学文献出版社,2006.
[46]陈戍国. 秦汉礼制研究[M]. 长沙:湖南教育出版社,1993.
[47]丁山. 中国古代宗教与神话考[M]. 上海:上海龙门联合书店,1961.
[48]董乃斌. 中国文学史学史[M]. 石家庄:河北人民出版社,2003.
[49]杜希宙,黄涛. 中国历代祭礼[M]. 北京:北京图书馆出版社,1998.
[50]傅亚庶. 中国上古祭祀文化[M]. 北京:高等教育出版社,2007.
[51]龚鹏程. 汉代思潮[M]. 北京:商务印书馆,2005.
[52]顾颉刚. 汉代学术史略[M]. 北京:东方出版社,2005.
[53]顾颉刚. 古史辨:第五册[M]. 上海:上海古籍出版社,1982.

[54]顾颉刚. 秦汉的方士与儒生[M]. 北京:群众出版社,1955.
[55]何星亮. 中国图腾文化[M]. 北京:中国社会科学出版社,1992.
[56]何星亮. 中国自然崇拜[M]. 南京:江苏人民出版社,2008.
[57]侯外庐,赵继彬,杜国庠. 中国思想通史[M]. 北京:人民出版社,1957.
[58]胡适. 中国古代思想史长编[M]. 北京:中华书局,1991.
[59]翦伯赞. 秦汉史. [M]. 北京:北京大学出版社,1983.
[60]蒋英炬. 汉代画像石与画像砖[M]. 北京:文物出版社,2001.
[61]金春峰. 汉代思想史[M]. 北京:中国社会科学出版社,2006.
[62]李发林. 汉画考释和研究[M]. 北京:中国文联出版社,2000.
[63]李立. 文化嬗变与汉代自然神话演变[M]. 汕头:汕头大学出版社,2000.
[64]林富士. 礼俗与宗教[M]. 北京:中国大百科全书出版社,2005.
[65]刘厚琴. 儒学与汉代社会[M]. 济南:齐鲁书社,2002.
[66]刘慧. 泰山宗教研究[M]. 北京:文物出版社,1994.
[67]陆思贤. 神话考古[M]. 北京:文物出版社,1995.
[68]彭林. 中国古代礼仪文明[M]. 北京:中华书局,2005.
[69]钱志熙. 唐前生命观和文学生命主题[M]. 北京:东方出版社,1997.
[70]瞿明安,邓萍. 沟通人神——中国祭祀文化象征[M]. 成都:四川人民出版社,2005.
[71]沈从文. 中国古代服饰研究[M]. 太原:北岳文艺出版社,2002.
[72]斯特伦. 人与神——宗教生活的理解[M]. 上海:上海人民出版社,1991.
[73]田天. 秦汉国家祭祀史稿[M]. 北京:三联书店,2015.
[74]王柏中. 神灵世界秩序的构建与仪式的象征——两汉国家祭祀制度研究[M]. 北京:民族出版社,2005.
[75]王彪. 中州风物记[M]. 北京:新华出版社,1986.
[76]王克奇. 秦皇东巡与汉武封禅[M]. 济南:山东文艺出版社,2004.
[77]文镛盛. 中国古代社会的巫觋[M]. 北京:华文出版社,1999.
[78]熊铁基. 秦汉文化史[M]. 上海:东方出版中心,2007.
[79]信立祥. 汉代画像石综合研究[M]. 北京:文物出版社,2000.
[80]徐国康. 中国宗教与中国文化[M]. 北京:中国社会科学出版社,2005.
[81]徐旭生. 中国古史的传说时代[M]. 北京:文物出版社,1985.
[82]徐兴无. 谶纬文献与汉代文化构建[M]. 北京:中华书局,2003.
[83]阮忠. 两汉诗歌与传统文化[M]. 北京:中国文联出版社,2001.
[84]詹鄞鑫. 神灵与祭祀——中国传统宗教综论[M]. 南京:江苏古籍出版社,2000.
[85]张鹤泉. 汉明帝研究[M]. 长春:吉林文史出版社,2002.

[86]张新科. 文化视野中的汉代文学[M]. 北京:中国社会科学出版社,2006.
[87]张一兵. 明堂制度研究[M]. 北京:中华书局,2005.
[88]张永鑫. 汉乐府研究[M]. 南京:江苏古籍出版社,2000.
[89]朱自清等. 跟大师学国学大全集[M]. 北京:中国华侨出版社,2011.
[90]赵敏俐. 周汉诗歌综论[M]. 北京:学苑出版社,2002.

C. 发表在期刊及报纸上的文章及学位论文

[91]黄宛峰. 略论贾谊的礼治思想[J]. 河南大学学报(哲学社会科学版),1983(4):51-56.
[92]陈二峰. 论汉代的籍田礼[J]. 南都学坛,2009,29(3):13-15.
[93]陈振民. 后土文化探论[J]. 运城学院学报,2002,20(1):29-32.
[94]褚斌杰. 屈原《九歌》"东皇太一"解[J]. 荆州师专学报,1995(1):38-42.
[95]丁光勋. 简论秦汉时期的封禅[J]. 上海师范大学学报(哲学社会科学版),1992(3):84-89.
[96]杜鹃. 东汉祭祀中的乐舞[J]. 兰州学刊,2006(3):60-62.
[97]杜鹃. 汉代宗庙仪式乐[J]. 淮南师范学院学报,2008,10(1):127-134.
[98]樊淑敏. 祀地仪式的演化与万荣后土祭祀[J]. 运城学院学报,2004,22(1):33-35.
[99]方蕴华. 阴阳在宗教祭祀文化中的动态功能[J]. 人文杂志,2006(4):116-118.
[100]付俊. 礼制文化与中国古代服饰[J]. 艺术教育,2007(1):127-127.
[101]郭善兵. 汉代皇帝宗庙祭祖制度考论[J]. 史学月刊,2007(1):23-31.
[102]韩敬. 西汉时期学术思想发展概述[J]. 云南社会科学,1999(1):74-82.
[103]何新. 诸神的起源——中国上古神话新探·三皇考[J]. 中国社会科学院研究生院学报,1985(2):54-60.
[104]黄留珠. 秦汉祭祀综义[J]. 西北大学学报(哲学社会科学版),1984(4):48-56.
[105]贾贵荣. 儒家文化与秦汉封禅[J]. 齐鲁学刊,2000(4):90-93.
[106]贾艳红. 略论汉代民间的西王母信仰[J]. 山东师范大学学报(人文社会科学版),2003,48(3):84-86.
[107]昝风华. 汉代信仰风俗与班固及其《汉书》[J]. 西华师范大学学报(哲学社会科学版),2006(3):6-9.
[108]具圣姬. 汉代的鬼神观念与巫者的作用[J]. 史学集刊,2001(2):20-25.
[109]李建新. 从汉画像看汉代的祭祀礼俗[J]. 开封大学学报,2008,22

(1):35－38.
[110]李梅.西汉郊庙歌的宗法思想与世俗情怀[J].黑龙江社会科学,2006(1):129－131.
[111]李倩.楚辞、汉赋之巫技巫法综探[J].江汉论坛,2005(12):100－105.
[112]廖小东,丰凤.中国古代国家祭祀的政治功能及其影响[J].求索,2008(2):56－58.
[113]刘凌.汉代封禅的文化特色[J].泰山学院学报,1998(3):50－55.
[114]刘旭青.汉代郊庙歌之文化意义[J].山东青年政治学院学报,2004(5):129－131.
[115]马小晖,龙华.汉代祭祀、丧葬礼俗及演变[J].徐州工程学院学报(自然科学版),1999(2):51－53.
[116]王柏中.试论传统祭祀的社会功能——以两汉国家祭祀为例[J].社会科学战线,2005(5):136－140.
[117]王长华,许倩.汉《郊祀歌》与汉武帝时期的郊祀礼乐[J].文学评论,2007(1):30－36.
[118]王健.汉代祈农与籍田仪式及其重农精神[J].中国农史,2007,26(2):17－25.
[119]王振军.汉代赋家与封禅祀礼[J].江苏工程职业技术学院学报,2007,7(1):57－59.
[120]王振军.山岳信仰与汉赋[J].语文学刊,2006(5):69－71.
[121]谢谦.大一统宗教与汉家封禅[J].四川师范大学学报(社会科学版),1995(2):7－11.
[122]徐迎花.东汉光武帝时期郊祀制度研究[J].中共福建省委党校学报,2008(3):87－89.
[123]徐克谦.阴阳五行学说:中国古代的宇宙解释系统[J].南京理工大学学报(社会科学版),1999(4):1－6.
[124]杨华."五祀"祭祷与楚汉文化的继承[J].江汉论坛,2004(9):95－101.
[125]杨燕民.中国古代籍田礼仪种种[J].内蒙古社会科学(汉文版),1990(6):89－95.
[126]杨英.东汉郊祀考[J].天津师范大学学报(社科版),2000(4):47－52.
[127]杨子荣.汉武帝与汾阴后土祠[J].文物世界,2004(4):67－69.
[128]禹平,王柏中.两汉太常的祭祀礼事职能问题考述[J].学术交流,2006(9):173－178.
[129]曾祥旭.论《郊祀歌》的神仙思想[J].南都学坛:人文社会科学学刊,2002,22(1):60－63.

[130]张树国.汉至唐郊祀制度沿革与郊祀歌辞研究[J].陕西师范大学学报(哲学社会科学版),2008,37(1):69-77.
[131]赵容俊.中国古代社会的巫术活动[J].中州学刊,2004(4):75-78.
[132]张光直.中国考古学论文集[D].三联书店,2013.